茨城・勝田の名店
「サザコーヒー」に学ぶ

20年続く人気カフェづくりの本

高井尚之

プレジデント社

SAZA COFFEE

SAZA COFFEE

お会計

はじめに

会社員として働きながら「いつかは自分の城を持ちたい」と思い描く人は多い。これは30年、企業の現場やそこで働く役員や社員を取材し続けた肌感覚だ。「勤務先への忠誠心」というパスポート1冊あれば（会社が倒産しない限り）、新卒で働き始め定年まで同じ会社にいられた時代はよかった。それが現代ではむずかしいので、なおさら〝一国一城の主〟願望は強いのだろう。

いや、会社員に限らない。人生80年どころか、最近は「人生設計１００年」と言われるご時世だ。先細りする年金や生活の充実を考えると、できるだけ現役で働き続けたい（人が多い）。どこかのタイミングで「セカンドステージ」や「サードステージ」という別の舞台に移りたい人は（実際に行動に移すかどうかはともかく）、今後ますます増えるだろう。

そうした人に人気なのが「カフェ（喫茶店）開業」だ。これは昔も今も変わらない。

・昭和時代の「喫茶店のマスター（またはママ）」

・平成時代の「カフェの店主（またはバリスタやパティシエ）」

勤務先から独立したり、異業種から移ったりして、個人経営のカフェ（個人店）を開く人も多い。

ただ、残念ながら現代でも「３年持つ店は半数程度」。そのため使いたい表現ではないが〝多産多死の業態〟ともいわれる。「新規開業パネル調査」（２０１１～15年。日本政策金融公庫調べ）によれば、飲食店・宿泊業の廃業率は18・９％となっており、全業種平均（10・２％）に比べて倍近い。

では、そうしたリスクを減らすにはどうすればよいか。「長年続く人気店の事例に学ぶ」のも1つの方法だろう。そこで今回、ケーススタディとして選んだのが「サザコーヒー」だ。この店を知っている人は、コーヒー好きやカフェ好きの人のはず。なぜ、同店を選んだのかを先に説明すると、次の5つの理由からだ。

①創業は1969（昭和44）年で、今年で創業48年（もうすぐ半世紀！）
②本店があるのは「茨城県ひたちなか市」と、大都市でも県庁所在地でもない
③低価格のセルフカフェでなく、中・高価格帯の「高くても売れる店」である
④個人店ながら〝茨城最強の店〟で、あのスターバックスやコメダ珈琲店をしのぐ
⑤創業者は、昭和時代の「喫茶店マスター」だが、売上高13億円の企業に成長させた

こうした店の取り組みを紹介して手法を分析することは、さまざまな意味で参考になると考えたのだ。サザコーヒーのような取り組みはむずかしいが、「これならできそう」というヒントも事例をもとに紹介した。

ただし、本書は「カフェ開業希望者」向けだけにはしたくなかった。「都道府県魅力度ランキング」（ブランド総合研究所調査）では4年連続最下位の茨城県で、意欲的に取り組む店の事例を伝えることで、他業界で働く人の「仕事のヒント集」にもしたければ、「読んだらカフェや喫茶店に行きたくなる」本にもしたかった。そこで写真をふんだんに紹介することでカタログ的な見せ方にもこだわってみた。

出版元のプレジデント社は、飲食情報誌『ｄａｎｃｙｕ』も発行しており、同誌で活躍するクリエーターと一緒に制作したこともお知らせしておく。

最初から順番に読めば、より理解できるように構成したが、興味のある箇所を読むだけでもヒントを得られる構成にしたつもりだ。全編を通じて「正解ではなく納得解」をめざした。カフェの本なので、コーヒーや紅茶、ドリンクやフード片手に楽しく読んでください。

２０１７年９月　高井尚之

CONTENTS

第2章 なぜ「個人店」が、スタバやコメダに勝てたのか？

第3章 「値段が高くても」顧客を増やすメニューの秘密

第4章

「茨城・勝田」で成功できた、仰天！ストーリー戦略

第1章

「個人店」は、なぜ〝3年寿命〟と言われるのか？

「サザコーヒー」は個人経営の店(個人店)でありながら、
地域一番店でもある。個人で店を開きたい人にとっては憧れの存在だが、
実は多くの個人店は寿命が短く、「3年持つ店は半数」とも言われる。
そこで、まずは大手チェーン店の強みや、
他の個人店の取り組みを紹介しつつ分析し「事例研究」とした。
あなたならどうするか、を考えていただきたい。

事例研究 1

カフェは「人気業種」だが、「多産多死」と理解する

「昔からコーヒーが好きで、いろんな店に行って、味を飲み比べていた」「レストランに勤めていて、料理の楽しさと奥深さに目覚めた」

勤め先からの独立や定年後の起業など、カフェを開業した理由は、開業者の数だけあるが、右に掲げたように「コーヒーや飲食に興味があった」にほぼ集約される。もちろん接客業なので「人と出会うのが好き」も大きなポイントだ。

まえがきで「カフェは開業も多いが廃業も多い多産多死の業態」と書いたが、昔から飲食店は開業も多いが廃業も多い業態だ。繰り返すが、「新規開業パネル調査」(2011〜15年。日本政策金融公庫調べ)によれば、飲食店・宿泊業の廃業率は18・9%となっており、全業種平均(10・2%)に比べて倍近い。宿泊業も含む数字だが、現実を知っておきたい。

カフェに関しては、業界関係者の間で「3年持つ店は半数」とも言われる。理由はさまざまだが、これまでの取材経験でいえば、たとえば次のような理由だ。

①「自分の城」の理想形にこだわり

過ぎる（店主の思い入れ＝思い込みと消費者意識の乖離《かいり》）

②収支計画・採算管理が甘い（FLRコストと向き合って、商品構成や資金繰りをしていない）

これ以外にもあるが、まずはこの2つの紹介にとどめておく。なお「FLRコスト」とは、F＝フードコスト（原材料費）、L＝レイバーコスト（人件費率）、R＝レンタルコスト（家賃比率）を合わせた費用を、売上高で割った比率を示す。持ち家で開業すれば「R」は不要だ。カフェ業界で知られた存在のフードビジネスコンサルタント・永嶋万州彦《ますひこ》さん（元ドトールコーヒー常務）によれば、「経費の合計であるFLRコストの数値は70％未満、できれば65％が理想」だという。後述するが、コストを抑える工夫を考えたい。

なお、あらかじめ筆者の立場を説明すると、ぼくはこれまで出した10冊の著書のうち3冊がカフェに関するものだ。発行された順に『日本カフェ興亡記』（日本経済新聞出版社）、『カフェと日本人』（講談社現代新書）、そして昨（２０１６）年上梓した『なぜ、コメダ珈琲店はいつも行列なのか？』（プレジデント社）である。雑誌やネットでも、カフェの取材記事を書き続け、時にテレビやラジオの放送メディアで解説している。

一見、楽しそうなカフェ経営だが、甘い「自分の城」づくりはもろいので、そのリスクヘッジを考えたい。具体的には、「開業セミナー」に通うこともお勧めだ。ただし通う前に、自分の店の青写真を描き、資金計画を見積もり、インターネットで情報収集するなど事前準備をしてから、セミナーに臨みたい。そのあたりは、ビジネス視点でいえば、「ＰＤＣＡ」サイクル（計画→実行→検証→再実行）を回すことと同じだ。開業セミナーに通っても、開業しない人も多いが、それはそれで「現実を知った」ことになる。

――と、書き出しから夢のない内容になったが「カフェをやり続けてよかった」という人は多い。本書で取り上げる「サザコーヒー」創業者の鈴木誉志男《よしお》さん（現会長）は、「非常に面白い仕事だ」と話す。鈴木さんの開業動機は「危機感」だった。もともと父親が映画館を経営していた鈴木さんは、跡を継ぐつもりで映画の興行プロデューサーになった。だが映画が斜陽産業となり、その打開策として喫茶店経営に乗り出したのだ。「苦労もあったが、お客さんを楽しませ、自分たちも楽しむうちに半世紀近くとなった」と振り返る。

事例研究 2

個人店主が学ぶべき「スタバ」「コメダ」集客の秘密

現在、国内店舗数が最も多いカフェチェーンは「スターバックスコーヒー」（2017年6月末現在で1288店）だ。次いで「ドトールコーヒーショップ」（同現在で1120店）、3位が「コメダ珈琲店」（同年8月末現在で764店）となっている。サザコーヒーの本店がある茨城県ひたちなか市にも、近年「スタバ」と「コメダ」が進出した。

スターバックスが、北米（米国・カナダ）以外の海外1号店として東京・銀座に開業したのは1996年のこと。今では全47都道府県に進出した日常的な存在だが、進出当時は、それまでの喫茶店とは違うファッショナブルな店内と、洗練されたメニューが評判だった。

ぼくは、スタバを「日本のカフェの歴史を変えた黒船」だと評価している。その理由は大きく分けて2つ。①新たなメニューの提案と、②女性をコーヒー好きにした、からだ。

たとえば「カフェ ラテ」（エスプレッソにスチームミルクと呼ぶ、蒸気で泡立てた牛乳を加えたもの）や、「キャラメル マキアート」（バニラシロップを入れたスチームミルクにエスプレッソを加え、キャラメルソースで飾ったもの）は、従来の喫茶店（カフェ）にはないドリンクだった。「フラペチーノ」（同社の登録商標）に代表される、多彩なドリンクメニューの開発も競合店に大きな影響を与えた。同店が人気となって以降、カフェのドリンクメニュー開発が一気に進んだのだ。

昭和時代の男性客相手の店では、「コーヒー、アメリカン、アイスコーヒーの3つのメニューで注文の6割がまかなえた」（大手チェーンの経営者）ともいう。個人差はあるが、一般に男性客の注文は保守的だからだ。だが、好奇心旺盛な女性客相手ではそうはいかない。女性がカフェに行けば行くほど、業界のメニュー開発に拍車がかかった。

一方のコメダ珈琲店の最大の特徴は「昭和型喫茶店」――。昭和の喫茶店を思わせるメニューや空間が特徴だ。スタバとドトールがセルフサービスなのに対して、コメダは店員が注文を取りに来て、飲食も運んでくれるフルサービス（と業界では呼ぶ）も特徴。これがカフェでのんびり過ごしたいお客に支持された。ある調査では「ドトールの平均滞在時間は約30分、コメダは約1時間」といわれ、お客の滞在時間の長さを、早朝から夜にかけて全時間帯の集客で補うビジネスモデルだ。

また、コメダには舌をかみそうな商品名もほとんどなく、メニューを開くと戦後の高度成長期に定着したわかりやすい名称が使われている。たとえばコーヒーメニューは「ブレンド」「アメリカン」「アイスコーヒー」などで、「ドリップコーヒー」という商品はない。フードメニューのピザも、決して「ピッツア××」ではなく、「コメダ特製ピザ」とわかりやすい。こうした面もあり、高齢客でも安心して注文できるのも特徴だ。

隣県の岐阜市とともに、喫茶代におカネを使う都市日本一を争う名古屋市（48ページ図表①参照）に本社があるコメダは、喫茶好きな地元客に鍛えられて成長した。今では有名になった、朝の時間帯はコーヒー代だけでトーストなどがつく「モーニングサービス」や、「新聞雑誌読み放題」といった名古屋型喫茶店の特徴を残したまま、全国各地に進出している。

コメダの人気は「昔ながらの喫茶店のほうが落ち着く」と思う客層に支持されているからだ。取材でもそうした声を聞く機会が多い。

事例研究
3

「スターバックスコーヒー」は、なぜ強いのか？

スターバックスは米国・シアトル発祥だが、米国企業にありがちな、日本市場を強引に米国流に変えようとするやり方ではなく「それまでとは違うコーヒーや、コーヒーを楽しむ空間、新しい飲み方の提案」によって、消費者意識を開眼させた。

その最も大きな特色は、コーヒーへのこだわりだ。中間業者を通さずに生産者から直接コーヒー豆を買い付けており、使うのは高級豆であるアラビカ種のみだ。それを独自の手法で焙煎し、カップに注いだ時の香りや酸味、コクや風味が最高となるよう抽出する。コーヒーの職人「バリスタ」の存在も有名になり、若者がなりたい職業になった。

スタバ人気や「カフェブーム」の影響で、コーヒーも多種多様な味が楽しめるようになり、高品質なコーヒーを指す「スペシャルティコーヒー」という言葉も生まれた。スペシャルティコーヒーに該当する豆は、日本に輸入されるコーヒー豆の5％程度にすぎず、スターバックスのコーヒーもこれに当たる。一般社団法人・日本スペシャルティコーヒー協会が「スペシャルティコーヒー」を定義(※)しており、興味のある人はご参照いただきたい。

スタバは、立地条件や来店客層を考慮しながら、各店舗の個性を打ち出そうとする。たとえば「山

※ http://www.scaj.org/about/specialty-coffee

の手か、下町か」「都心か、郊外か」「大都市か、地方都市か」、または「路面店か、駅ビルや駅ナカか」で店構えを変える。時々話題になる「京都の町なみに合ったスタバ」などは、こうした方針から来ている。このあたりの柔軟性も米国企業らしくない。

実は、同社のデザインには5大要素がある。①Handcrafted（手づくり感）、②Artistic（芸術性）、③Sophisticated（洗練された）、④Human（人間らしさ）、⑤Enduring（永続性）の5つだ。店舗設計も、これを踏まえつつ、立地に合わせて行う。基本デザインは米国で管理しているが、日本市場に合わせて、国内の部署もデザインを手がけるのだ。

もともとスタバは「サードプレイス」（第3の場所）を掲げており、職場・学校、自宅とは違うくつろぎの空間を訴求する。そのため「体験型の店」として利用されるケースも多い。

一方、最近では「スタバへの不満」の声も耳にするようになった。ぼくのもとにも新聞や雑誌から「なぜ、スターバックスがドトールコーヒーショップに顧客満足度で負けたのか」という解説依頼が相次いだ。ここでいう「顧客満足度」とは、日本生産性本部・サービス産業生産性協議会が行っている「JCSI（日本版顧客満足度指数：Japanese Customer Satisfaction Index）」の指標である。この「カフェ部門」で、直近3回でドトールにトップの座を譲ったのだ。

ただし、同調査の「顧客期待」（ブランドへの期待）、「知覚品質」（品質はどうか）、「推奨意向」（他者に勧めたいか）という指標では1位だ。6項目中3項目がトップなので、スタバへの期待値が低下したとはいえない。「満足度」が低かったのは、期待値の裏返しだ。特に海外では「スタバの店舗を見るとホッとする」という声も多い。

事例研究 4

「コメダ珈琲店」は、なぜ人気なのか？

カフェ業界における「コメダ珈琲店」は、「スターバックス」とは対極に位置する。スタバ＝ファッショナブルなのに対して、コメダ＝少し野暮ったいといえよう。だが、これもコメダの戦略だ。ひとことで言えば、〝お客が店に勝つ〟心地よさだ。

たとえばコメダ名物の「モーニングサービス」は、朝の開店時から11時までにドリンクを頼めば、無料でトースト＋ゆで卵などがつく。それ以外の時間帯は豆菓子というオマケが無料でつく。店内に置かれた新聞や雑誌も読み放題だ。もともと喫茶王国と呼ばれる名古屋市や愛知県で店舗を拡大してきたので、当地の住民気質に寄り添ったサービスが特徴だ。名古屋人は「自宅の居間や会社の応接室の延長線上で喫茶店を使う」。合理的な県民性なので、「新聞や雑誌を読んでコーヒー代のもとをとったり、冷暖房完備の店内で打ち合せや懇談をして電気代を浮かす」感覚で利用する。

また、愛用者ならご存じのように、コメダの店内は居心地がよい。特に座席のソファは長居したくなる心地よさだ。ベロア調の赤い（えんじ色の）ソファは、コメダの大半の店で共通しており、座る部分の奥行きは52センチに統一し、ひざ下、背もたれ部分にもこだわる。

都心のセルフカフェでは、混んでくると相席を求められることもあるが、コメダにはない。ゆったりしたソファで落ち着けることで、「少し大切にされた思い」を抱く。

実は、現代の消費者は、過剰なサービスは好まず、少し大切にされたい気持ちが強いのだ（「混むと相席」は大切にされていない）。そうした適度な距離感もコメダ人気の要因だ。

ただし、コメダのコーヒーの基本は、均質性を重視して製造拠点で一括生産されたものを各店舗で還元して提供するスタイルだ（店舗数は少ないが、1杯ずつサイフォンで淹れる店もある）。

大手チェーン店に対抗するには、こうした個人店ならではの手づくりの飲食や、心地よい空間などを独自に工夫したい。たとえば「ブレンドコーヒー」だけでも、ざっと次のような差別化ができる。

①何をコーヒー豆に選ぶか（銘柄によって苦味や酸味、コクといった特徴も違う）。②ブレンドする豆の種類を考える（3～4種類が一般的と聞く）。③混ぜる割合を考える。④焙煎の仕方を考える。「浅煎り」「中煎り」「中深煎り」「深煎り」があり、浅煎りは豆の持つ酸味がより強調され、深煎りは豆の苦味がより強調される。

また、店で提供する淹れ方も、「布（ネル）ドリップ」や「紙（ペーパー）ドリップ」、「サイフォン」や「フレンチプレス」「エアロプレス」などもある。それぞれの特徴は後で紹介したい。

ちなみにサザコーヒーの「サザ・スペシャルブレンド」は、同社の契約農園のコーヒー豆を用いており、グアテマラ・コロンビア・ブラジル・エチオピア産の豆をブレンドしている。基本の淹れ方は本店ではネルドリップ、それ以外の店はペーパードリップにしている。

自分の店は、微妙な味の違いを求める「コーヒー通」を対象にするのか、それとも地元住民が気軽に立ち寄れる店か、など、どんな客層をイメージしてカフェを営むのか。どの手法で「自宅でできない味や空間」を実現させるかを考えていただきたい。

事例研究 5

セブンカフェ「100円コーヒー」の脅威と弱点

コンビニエンスストアの店頭では「1杯100円」のコーヒーが常識となった（大きなサイズは別）。各社ともに好調で、特にコンビニ最大手セブン－イレブンの「セブンカフェ」は年々販売数が拡大。2017年度に10億杯の販売を見込んでいる。

2013年に大手各社が本格提供を始めた「コンビニコーヒー」が社会現象となったのはご存じのとおりだ。現在、オフィス街の店で出勤前に購入する人の姿は日常風景となり、コンビニコーヒーは生活の一部となった。イートインできる店も増えている。

ここまでコンビニコーヒーが拡大した最大の理由は、「100円でそこそこおいしい」という〝コスパ〟（コストパフォーマンス）のよさだ。

一生懸命働いても、なかなか収入が伸びない時代を反映して、消費者は買い物上手になり、さまざまな購買シーンでコスパを重視している。たとえば会社員にとっての消耗品であるシャツに関していえば、かつては1万円近いシャツを買っていた人も、3000円のシャツを3枚買って使いまわす人が目立つようになった。メーカー側の企業努力もあって、低価格でも一定の品質のものが増えたからだ。コンビニコーヒーはその象徴ともいえる存在だ。

スタバのドリップコーヒー（S）を毎週月曜日から金曜日の出勤前に買うと1510円（302円×5日）かかるが、コンビニコーヒー（S）なら同500円（100円×5日）ですむ。「特別な日でない限り、コンビニコーヒーで十分」（40代の女性）という人は増えているのだ。

価格の安さとともに、精神的な手軽さも見逃せない。コンビニコーヒーは、自分で自動抽出器にカップをセットしてボタンを押すだけ。店員からコーヒーを渡されるまで待つ必要もない。特に出勤時などの慌ただしい朝は「カフェは面倒で、コンビニは気がラク」という受け止め方もあるようだ。

この大ヒットの余波は、別の商品分野にも波及した。コーヒーの一部を「限定商品」として100円で売る自販機も増えたのだ。

そうなると、カフェのコーヒーも〝価格破壊〟が起きそうだが、そうはならなかった。コンビニコーヒーの影響は脅威だが、当初予想されたよりも共存共栄となっている。

コスパ最強のコンビニコーヒーだが、弱点もある。基本的に持ち帰りで、イートインできる店も増えているが、その多くは手狭でイスの座り心地はよくない。ふつうは来店客の動線から離れた場所にイートイン席を設置しているが、出入りの多い店内は落ち着けるとはいいがたい。実際に利用しながら他のお客を観察すると〝止まり木感覚〟で利用している。外出先の場所に少し早めに着いた時の時間調整のように「10分程度過ごすには便利な店」ともいえよう。

カフェとしては、コンビニが苦手な「店内の居心地」を追求しつつ、飲食の味や「脱日常」感を提供する空間、ていねいな接客といった総合力で挑みたい。

事例研究
6

なぜ、「コーヒー通が集まる店」はダメになるのか？

「カフェは開業も多いが廃業も多い多産多死の業態」と記したが、長年生き残る店は、時代とともに〝店の中身〟を変えている。なかには「創業当初のやり方を一切変えない」姿勢で何十年も人気が続く店もあるが、それはよほど創業の原点がしっかりしていた店だ。多くの店は基本方針を定めた後で開業し、毎日来るお客さんと「対話」しながらメニューを変えるなどして、店の得意分野を広げていく。

具体的な方向転換の事例を紹介しよう。

名古屋市内にある「古民家カフェ」の人気店は、2005年の開業当初はテイクアウト中心の店だった。現在は40種類以上あるドリンクメニューも10種類程度。もともと建築設計事務所の一業態としてカフェを開業し、現オーナーの女性（当時は設計事務所の社員でインテリアコーディネーター。後に同社から経営権を取得）は、飲食店の経験ゼロだった。そのため開業人気が終わると、毎日お客が少ない日が続き、資金繰りもひっ迫した。

この店が軌道に乗り始めたのは、さまざまな創意工夫をしてからだ。カフェ好きのスタッフと一緒に「私ならこんなメニューを頼みたい」と考えてメニューを投入。お客さんの「ランチやスイーツをやってほしい」という声も反映したことで、徐々に来店客が増えていく。

やがて、フレンチの飲食店経験をもつ男性（現シェフ）が入社すると、隣の店の行列店を意識し、「ウチも絶対に行列店にする」とメニュー開発に挑む。そして人気メニュー、せいろ蒸しなどの「スチームフード」を開発した。現在は2店を運営する繁盛店となっている。

もう少し時代をさかのぼって考えよう。昭和時代の「喫茶店マスター」は、コーヒーを徹底研究して味にこだわった人が多かったが（サザコーヒーの鈴木会長もその1人）、コーヒー通だけを相手にすると、中長期的には厳しくなる。主な理由は「客層が限定」されてしまい、「店もお客も年をとる」からだ。35歳で店を始めた人も30年たてば65歳になる。常連客も現役時代は頻繁に店に通っても、定年退職して年金生活になると、通う回数が減り、やがて足が遠のく。

また、昭和時代の喫茶店がダメになった理由として、「マスターと呼ばれる店主がコーヒーの蘊蓄《うんちく》にこだわり過ぎたこともあった」（当時を知る業界関係者）とも言われている。コーヒーの味覚の主流も、お客の好みも時代とともに変わる。「私のやり方はこれだ」を押しつけては〝店がお客に勝つ〟ことになる。そうではなく、店側が一歩引いて来店客の好みを反映し、〝お客が店に勝つ〟ようにすれば、長続きする店になるのだ。

ここで紹介した店のように、カフェならではのメニューを柔軟に開発する姿勢も大切だ。経営用語では「プラットフォーム（土台・基盤）の拡大」となる。

ちなみに昭和時代には、メニューにかつ丼とラーメンがあるような、何が特徴かわからない喫茶店も目立った。「思いつきで広げる」のではなく、「得意分野を絞りつつ広げる」ようにしたい。

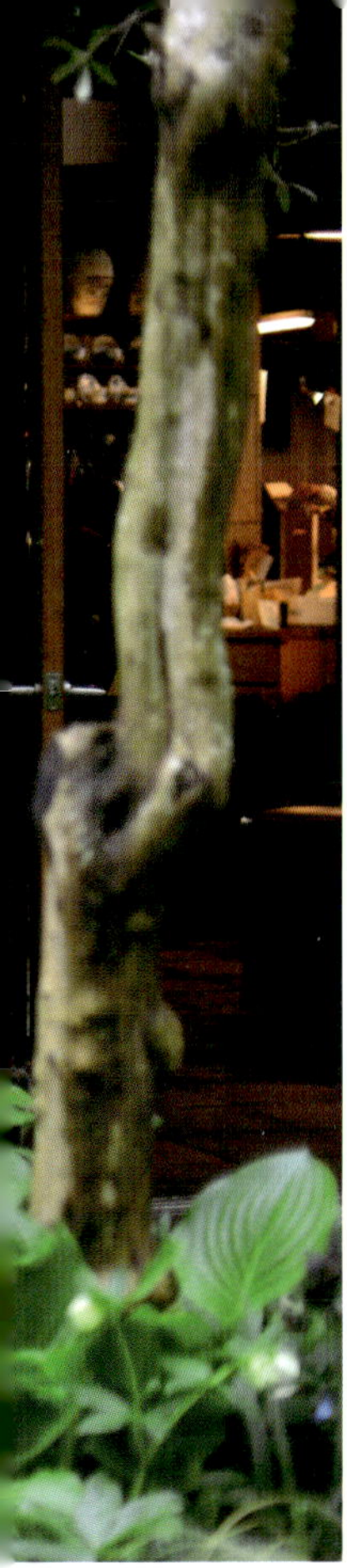

事例研究
7

個人店が学ぶべき「常連」との付き合い方

長年にわたりカフェを営業するには、常連客を多く獲得しなければならない。一方で常連客ばかりだと客層が限定されてしまう。その意味でサザコーヒーの接客は参考になる。

サザには、開業直後から現在まで通い続ける常連客もいる。以前、本店で鈴木さんを取材している時、「あら会長久しぶり。身体に気をつけてね」と、女性客（推定60代）から声をかけられていた。高校時代からＪＲ（当時国鉄）勝田駅前の店に来店していた女性だと聞いた。だが、常連客であっても特別視はしない。

「いつも来られるお客さまも、初めて来られたお客さまも、基本は同じように接しています。常連客を特別扱いし、限られた常連さんのたまり場のような店では、それ以外のお客さまの居心地が悪くなってしまいます。サザコーヒーは、いつでも、誰でも、どこでも楽しんでいただける店をめざしているのです」（本店 砂押律生さん）

ちなみに砂押さんは勤続28年。学生時代にアルバイトを始めたのが縁で、そのままサザコーヒーに入社し

た。「店舗数が増えても店の本質は変わらない」と話す。

店の本質を変えず、長年の顧客に寄り添う姿勢は大切だ。その1つがメニュー内容だ。時代とともに内容を変える必要はあるが、「何を足して何を引くか」も吟味したい。POS（販売時点情報管理）データのみで判断し、売れゆき不振の商品をバッサリ切るやり方では、常連客の思い入れが強いメニューが消えてしまうかもしれない。

創業半世紀を超える名古屋の人気カフェに、こんな例がある。この店は創業以来、鉄板で提供するナポリタンスパゲティが看板商品だ。だが1990年代はじめの〝イタメシブーム〟の頃は「古臭い」と思われて、1

日2～3食しか出なかった。それが〝昭和レトロ〟人気で復活し、多い日には1日200食も出る看板商品によみがえったのだ。「根強いファンがいたので不振の時期もメニューから外す気はなかった」と創業者は振り返っていた。

少し引いた視点で、業界を取り巻く現状も紹介しよう。

カフェ好きな人の中には、「昔からあった店が閉店してしまった」経験を持つ人が多いかもしれない。実際、カフェ・喫茶店の数はこの30年で半数以下に減った。最盛期に15万4630店（1981年）あったが、最新データでは6万9983店（2014年）となっている（総務省調査をもとにした全日本コーヒー協会の発表資料）。

この数字の裏には本質がある。カフェの数が半数以下となった理由には、レストランやファストフード店、コンビニのイートインなど「コーヒーを飲む場所」が増えたことも大きい。

前述したコンビニ最大手のセブン-イレブンの店舗数は、喫茶店最盛期の1981年度は1306店舗だったが、2016年度はその約15倍の1万9422店舗に拡大した。「セブンカフェ」の持ち帰りコーヒーは、年間8億5000万杯（2015年度）も販売し、2017年度には10億杯の販売をめざす。小売り（コンビニ）が、業態の垣根を超えてカフェのお客を奪う時代だ。一方で、喫茶業界はここ数年、業績が伸びている活性化産業だ。売り上げ規模は1兆611億円から1兆1270億円（2015年。日本フードサービス協会調べ）に拡大した。人気店はそれぞれの持ち味で、お客に訴求している。

人気店に共通するのは「現場主義」と「本気の深掘り」

先ほど少し触れた「FLRコスト」を事例で考えたい。F＝フードコスト（原材料費）は、原価率の低い商品が、店の〝ドル箱商品〟となる。具体的にはコーヒーだ。後述するオークションで高値落札した場合を除き、高級豆を用いても、原価は1杯50円未満ですむ（昔はもう少し安かったが高騰した）。この出品数を増やして経営を安定させたい。

次に、L＝レイバーコスト（人件費率）は従業員を雇うほどかさむので、普通は店主が店に出る。東京都内のある老舗人気店は、都内に3店を運営するが、毎日、そのうちの1店に店主（創業者）が出勤する。これを行うのは、常連客が店主に会いに来るためでもある。

R＝レンタルコスト（家賃比率）は、繁華街と住宅街、幹線道路沿いと生活道路沿い（メインではない裏道）では家賃が全然違う。地方では自宅を改装した店も多い。この場合なら（改装費は別にして）「R」はゼロになる。

取り組み事例を調べてみると、人気店ほど「現場主義」を貫く。たとえばコーヒーにこだわる店は、おカネをかけて店主や従業員がコーヒー生産地を訪れ、現場を見て回る。専門書やネットで研究できる時代だがそうはしない。その理由を「ネットの情報には血が通っていません。コーヒー豆の栽培現場の空気、土壌、ニオイ、働いている人の思いは、現地に行かないとわからないのです」とサザコーヒー副社長の鈴木太郎さんは説明する。

もっと手軽な現場主義として、自宅や職場近くの人気店にお客として視察する方法もある。これは多くの人がやっているが、「ここをこうしているのか。自分の店ならこうしたい」と目的意識を明確に持って出向きたい。また、友人や知人、紹介された人と会って話を聞くことも大切だ。ただし「誰に会うか」「何を学ぶか」を事前に考えたい。

一方、「本気の深掘り」は、店の隠れた魅力となる。たとえば店で使う「食器」は道具街や専門店で雰囲気のある品を選ぶようにする。予算も限られているので超一流品を選ぶ必要はないが、「百均」（100円ショップ）で食器を揃えた店は長続きしない。

前述のフードコストもバランスが大切だ。スイーツにこだわる店なら、新商品を開発する時期も出てくる。その場合は一定の利益を確保しつつ、原価率が上がっても、いい材料を使う店は人気を呼ぶ。舌の肥えた現代の消費者は、そこは敏感に見抜くのだ。

かつて、都内で経営したカフェを2年で閉店したデザイナーに話を聞いたことがある。

「もともとコーヒー好きで現代的な店を開きたい」との思いから、準備期間を経て夫婦2人で開業した。夫はデザイナー業務（店の裏で作業）と兼任。カフェに勤務経験のある妻が食品衛生責任者の資格も取得して専任で働き、混雑時はアルバイトも雇った。

当初は告知不足で、1日にお客さんが数人という日もあったが、徐々に客足が伸びていく。数十万円の家賃負担があったが、何とか黒字転換も果たした。

それを2年で閉店したのは次の3つの理由だった。

①家賃負担が重く、黒字でも夫の報酬は出なかった。②定休日も仕込みに追われた。③店が軌道に乗り始めた時期に、デザイナー業務も多忙になり、両立が大変になった。

こうした閉店理由は今でも変わらずある。だからこそ「本気」が大切なのだ。

事例研究
9

消費者視点で「付加価値」を増やす

ここで改めて考えてみたい。そもそも、カフェにおける「店の魅力」とは何だろうか？

ぼくは、メディアから日本のカフェの特徴を聞かれた時は、「基本性能＋付加価値」という言葉で説明している。日本のカフェは〝付加価値が非常に幅広い〟特徴があるからだ。

まず「カフェの基本性能」とは、「飲食と場所の提供」だ。フードを出さない店もあるが、多くの店はフードも提供する。ただし、パンメニューなど軽食しか出さない店も多い。あくまでもカフェで、レストランではないからだ。

「付加価値」とは特徴や魅力のこと。これは店によって異なる。コーヒー通に向けた店なら、「シングルオリジン」（複数の豆のブレンドではなく一種類の豆）の品種に凝って、浅煎りや深煎りといった焙煎を工夫するだろうし、エスプレッソの味の違いをウリにするかもしれない。

付加価値を、飲食の味よりも「場所の提供内容」に置く店もある。業態でいえば「コミックカフェ」（漫画喫茶）は、コミックや雑誌を多数揃えて読み放題なのが特徴だ。「インターネットカフェ」は自由にネットを使うことができる。〝犬と一緒に過ごせる〟が付加価値につけば「ドッグカフェ」、〝店の猫をめでる〟のなら「キャットカフェ」だ。

実は、この付加価値が1つや2つでなく、4つも5つもある店の方が幅広い客層に訴求できるのだ。「自分がお客だったら」という視点に立って、強みを絞りつつ広げたい。

コーヒーの味にこだわる自家焙煎店であれば、お勧めのコーヒー豆の持ち帰り（もしくは通信販売）に力を入れる。すると「コーヒー豆が買える店」という付加価値になる。

昭和時代の喫茶店も豆の小売りはしていたが、あまり売り上げにはつながらなかった。大半の店は、飲食と豆の小売りの売り上げ比率は「9対1」以下だったと聞く。その理由は、「レジ回りに陳列するだけで、積極的に売るという本気度が足りなかった」からだ。

現在ならインターネットを駆使しない手はない。すでに気づいている人も多いが、ブログやツイッター、フェイスブックなどのＳＮＳ（ソーシャル・ネットワーキング・サービス）に、仕入れたコーヒー豆の写真や情報をアップしたり、「特別な〇〇豆の試飲会」の開催を呼びかけたりする。そうすれば「希少価値のあるコーヒー豆の試飲ができ、特別頒布もする店」という付加価値が増えるわけだ。

フードメニューも来店客層を考えて、具体的に絞りたい。なぜ「絞る」のかといえば、広げると「仕込み」が大変になるからだ。「こだわりのフードを提供しようと意気込んだ結果、週に1度の休日も仕込みに追われた」という話は多い。よく、個人店が「限定20食のランチ」を掲げていたりするが、少人数で運営する店は、それ以上の提供がむずかしいのだ。

また、店内で過ごす「お客さんの居心地」も消費者視点で考えたい。たとえば独身時代にカフェ好きだった女性が結婚・出産して悩むのが、赤ちゃん連れでも来店できるカフェの少なさだ。「座席とイスの間が広く、ベビーカーも置ける店」なら、それも付加価値になる。具体的な付加価値を書き出して、その実現をめざしたい。

事例研究
10

単価が低いカフェの「客単価を上げる」方法

レストランや居酒屋に比べて、カフェの客単価は低い。店の立地や業態によって異なるが、一般的には「700円～1000円」というところだ。そこで「客単価を上げる」方法を考えてみたい。

まずは、メニュー構成の工夫がある。前に紹介した永嶋さん（フードビジネスコンサルタント）は「売りたいメニュー、最強メニューはクローズアップし『Z《ゼット》』の位置に置く」と指南する。「Zの位置」とは、人の目の動きの習慣性を利用したもので、横書きメニューにあらかじめZを手書きし、そのラインに沿って重点商品を配置する考え方だ。

たとえば、「ブレンド（450円）」ではなく、「当店のスペシャルコーヒー（550円）」や「オーガニックコーヒー（550円）」を売りたい場合は、このライン上に置く。昔の喫茶店に多かった「ブレンド」「アメリカン」「アイスコーヒー」の順にこだわる必要はない。ただし当たり前だが、ホットメニューとアイスメニューは各々揃えるなど、お客さんが混乱しない配慮はしておきたい。

また、先ほど紹介した「コーヒー豆の店頭販売（もしくは通販）」に力を入れる手法もある。ネット上の出店で〝無店舗販売〟ができる時代なので、なかには「豆売りが軌道に乗るまでは店を出さない」と考える人もいるほどだ。

「高くてもおいしい」がモットーの、サザコーヒーのコーヒー豆は200グラムで1200円から1500円程度もするが、買い求めるお客さんは多い。ブランドとして確立している強みだが、1

つ売れればカフェの平均客単価を上回る金額となる。テイクアウトでケーキが1個売れればコーヒー1杯分に相当する。オリジナルTシャツや雑貨などを販売する店もあるが、これも同じ手法だ。

コーヒーに「付加価値」をつけることも考えたい。コーヒー通に向けた訴求になるが、話題のコーヒーやエスプレッソを特別な器やグラスで提供して高価格にする店もある。

「フード」メニューも工夫次第だ。たとえば、30代の店主1人で切り盛りする東京都内の店は、ハムのサンドイッチ（650円）、バタートースト（350円）、小倉トースト（450円）の3つしかない（価格はいずれも税込み）。多彩なフードメニューを揃えるのではなく、1人で運営するカフェなので割り切っている。サンドイッチは完売も多いが、残りそうな場合は、フェイスブックで「いつもは売り切れるサンドイッチが、まだ○個あります」と告知もする。すると常連客が買いに来るのだ。

店のソフトドリンクは、ホットもアイスもすべて550円（2杯目からは220円）の設定だ。サンドイッチ以外は、ドリンクと一緒にフードを頼んでも1000円以内に収まるよう、消費者心理も考えている。さまざまな工夫をしないと「客単価」も上がらない。

なお、「夜」に営業して客単価を上げる方法もある。ただし、人気店の多くは早くて18時、遅くても20時には閉店するケースが多い。この店では、カクテルとして「ウイスキーカフェラテ」（700円）、「コーヒーハイボール」（同）のみ用意し、平日は20時に閉店（土日祝は18時半、不定休）となっている。

夜はアルコールを導入して「カフェバー」として営業する店もあるが、長時間営業すれば光熱費も増え、アルバイトを雇うと人件費がかさむ。パスタやつまみなど、お酒に合うフードメニューが必要になることも考えたい。

第❷章

なぜ「個人店」が、スタバやコメダに勝てたのか？

ここからは「サザコーヒー」の具体的な取り組みを紹介しよう。
本店は大都市でも県庁所在地でもない、
人口約15万6000人の茨城県ひたちなか市にあり、
現在、同県内を中心に13店舗を展開する。
近年になってひたちなか市に進出した
「スターバックス」や「コメダ珈琲店」をもしのぐ〝茨城最強の店〟だ。
なぜそれが可能なのか。人気の秘密を探った。

なぜ、カフェを「50年」続けることができたのか？

サザコーヒーの創業は1969（昭和44）年、まもなく半世紀を迎える老舗だ。大手チェーン店ではない個人経営の店（個人店）が店舗数を拡大しながら、なぜ、これほど長く店を続けることができたのだろうか？

この答えの前に、少し引いた視点で、カフェの来店客である「消費者心理」を考えたい。カフェ好きな人は、どんな意識で（または無意識のうちに）店を選ぶのか。もちろん「自分の好み」が優先されるのだが、その日の気分で好みは変わる。

たとえばコーヒーが飲みたい時でも、あなたは13時から会議や予定がある場合の「ランチ後の15分だけ過ごすカフェ」と、「時間に余裕のある休日などに1時間過ごしたいカフェ」を使い分けていると思う。前者はコーヒー1杯200円台のセルフカフェか、コンビニの100円コーヒーで十分と思うのではないか。そんなあなたも、休日に前から欲しかった服やカバンをセールで買った後は、上手に買い物をした〝自分へのごほうび〟として1杯600円や700円の店を選ぶかもしれない。

サザコーヒーは後者の店として人気だが、「基本」「縁」「本気度」の3つを大切にしている。創業者の鈴木誉志男さん（現会長・写真左）は、「基本」についてこう話す。

「よい飲食店には、①いい材料を使う。②すぐれた調理技術があり、おいしい。③お客さんを楽しませるホスピタリティの技術と演出があります。当店もそれをめざしてきました」

この言葉は、飲食店で最も大切な3要素「QSC」（Quality＝品質、Service＝サービス、Cleanliness＝清潔・清掃の頭文字）のQとSをわかりやすくしたものだ。店内が清潔で、飲食がおいしく、居心地のよいカフェにはお客さんの笑顔がある。

次に「縁」は、店に来るお客さんとの縁もあれば、仕事を続けるうちに出会った人との縁もある。店の場所の縁（地縁）もそうだ。人気店・繁盛店はこれも大切にしており、サザコーヒーがどのように取り組んでいるかは、追って紹介したい。

最後に「本気度」は、趣味の店ではなくビジネスとして手がける以上、いうまでもない。ただし、何に対してどう本気を出すかは各店のこだわりによって変わる。「私はこれが好き」と店主の思いだけを打ち出しても、来店客に支持されなければ独りよがりとなってしまう。

ぼくは、飲食店には2つのタイプがあると思っている。「また、行きたい店」と「一度行けば十分な店」だ。もちろん店としては、「また、行きたい」と思い、来店してくれる常連客を増やさなければ、長年にわたって店が維持できない。だからこそ、常連客が多いサザコーヒーは「基本」「縁」「本気度」を大切にしているのだ。

なぜ、喫茶代支出が少ない水戸市で「サザ」は愛されるのか？

日本国内には、飲食の好みによって「○○好き」と呼ばれる県や都市が存在する。よくニュースになるのが、栃木県宇都宮市と静岡県浜松市の「餃子購入金額」のトップ争いだ。総務省の「家計調査」をもとにしたもので、この調査には外食の金額調査もある。

たとえば、「土佐の酒好き」を裏づけるように、都道府県庁所在地・政令指定都市の「飲酒代」トップは高知市で約4万円（3万9969円）、2位の東京都区部（2万9737円）に1万円以上の差をつけている。

これを「喫茶代」で見てみると、毎回の調査で東京23区を大きく上回り、首位を競うのが名古屋市と隣県の岐阜市だ。最新調査では岐阜市が名古屋市を押さえて1位となった（図表①）。東京23区は近年3位が定位置で、大阪市は喫茶店数こそ多いが、支出金額はあまり多くない。

サザコーヒー本店がある、ひたちなか市は県庁所在地ではないので、「水戸駅店」がある水戸市を見てみると、最新調査では19位。全国的には中の上の順位だが、金額は全国平均を下回る。それでも店内はお客さんでにぎわっている。

なぜ、喫茶代支出が少ない水戸市でサザは愛されるのか？

図表① 都道府県庁所在地&政令指定都市の「喫茶代」トップ20

2014-2016年

順位	1世帯当たり年間支出額	市	県名(地方)
1	1万5018円	岐阜市	岐阜県(東海)
2	1万2945円	名古屋市	愛知県(東海)
3	9307円	東京23区	東京都(首都圏)
4	8992円	神戸市	兵庫県(近畿)
5	8599円	大阪市	大阪府(近畿)
6	8588円	横浜市	神奈川県(首都圏)
7	7776円	京都市	京都府(近畿)
8	7705円	奈良市	奈良県(近畿)
9	7414円	川崎市	神奈川県(首都圏)
10	6996円	堺市	大阪府(近畿)
19	5638円	水戸市	茨城県(北関東)

(資料出所:総務省統計局「家計調査」平成26～28年の平均)

2013-2015年

順位	1世帯当たり年間支出額	市	県名(地方)
1	1万4301円	名古屋市	愛知県(東海)
2	1万3894円	岐阜市	岐阜県(東海)
3	8879円	東京23区	東京都(首都圏)
4	8503円	神戸市	兵庫県(近畿)
5	8059円	川崎市	神奈川県(首都圏)
6	7767円	大阪市	大阪府(近畿)
7	7387円	京都市	京都府(近畿)
8	7367円	横浜市	神奈川県(首都圏)
9	7221円	奈良市	奈良県(近畿)
10	6453円	さいたま市	埼玉県(首都圏)
21	4982円	水戸市	茨城県(北関東)

(資料出所:総務省統計局「家計調査」平成25～27年の平均)

結論からいえば、長年、地道にさまざまな活動を続けた成果だ。創業4年目の1973年から水戸市泉町という繁華街に支店を出し、地域住民や県庁所在地を訪れる人たちに訴求してきた。この店で初めて自家焙煎に挑んだ、サザの原点の1つでもある。

ひたちなか市でも水戸市でも店での接客だけでなく、地域と連携して「生活情報」や「文化」も発信する。鈴木さんがこう説明する。

「たとえば水戸芸術館の館内にある、サザコーヒー水戸芸術館店では、月に1度、ラテアートやデザインカプチーノの技術講習会を開いています。また茨城県で最大手の中川学園調理技術専門学校とも提携し、調理製菓コースの学生の授業に講師として2人派遣しています。今年（2017年）の3月末には私もコーヒーについて講義をしました」

一般にも知られるようになったが、「ラテアート」はカフェラテ、「デザインカプチーノ」はカプチーノに、それぞれ模様やイラストを描くものだ。リーフ（葉っぱ）やハート、クマ、チューリップなどが定番で、ハートとリーフを合わせたスローハートや、大きなハートの上に小さなハートをつくるハート・イン・ハートなどデザインも広がっている。コーヒーの専門家であるバリスタの腕のみせどころだ。

一時的に人気を呼んでも、その人気の継続には工夫も必要。鈴木さんはこうも語る。

「『コーヒーを売ってやろう』の意識が先走ると、お客さんは逃げてしまいます。でも店側が『コーヒーを楽しもう』と訴求を工夫すると、お客さんは集まってくるのです」

「サザ」はどうやって生まれたのか？

どんな店でも店名には店主の「思い」が投影されている。サザコーヒーは、店名に「コーヒー」を掲げる以上、コーヒーには絶対に手を抜かない。半世紀近く店を切り盛りしてきた鈴木さんにとって、店の方向性を決定づけたのは、次の2つの経験だ。

「最初は開業して3年目のことで、『自家焙煎』をしようと決意したのです。きっかけは『月刊喫茶店経営』（柴田書店）創刊号に載った東京銀座の『カフェ・ド・ランブル』の店主・関口一郎さんの記事に『コーヒーを焙煎しなければコーヒー屋じゃない』という意味の文章があったことです」

この記事に刺激を受けた鈴木さんは、国産の3キロ用の焙煎機を買い、自家焙煎を始める。それが3店目として展開したサザ（当時の店名は「且座《さざ》喫茶」）水戸店だった。だが排煙処理ができず、自家焙煎設備を勝田町（当時）の勝田宝塚劇場に移した。なお、同劇場は戦前からあり、父の富治さんが代表を務めた映画館。現在のサザ本店は劇場の跡地だ。

「焙煎を始めた当時の国産焙煎機は、釜の入口と奥では温度が異なり、コーヒー豆の煎り具合に差が出ました。奥は高温のため強く煎られ、入口では逆に浅く煎られたので、最適な焙煎時間をどうするかを試行錯誤し続けたのです。今のように情報がない時代ですから、納得のいく焙煎をするた

左写真中央「且坐喫茶」の揮毫は、書家・川又南岳氏（茨城大学名誉教授）によるもの

且坐喫茶

めに生豆を水で洗い天日乾燥させたり、焙煎を2回、3回と繰り返したり、高速焙煎や高温焙煎してでき上がった豆のデータもつくりました。やがておいしいコーヒーにするための焙煎の基本はゆっくり、しかし気持ちを集中して丁寧に煎ることがポイントだとわかったのです」

翌年の開業4年目には、良質なコーヒー豆を買う大切さを学ぶ。きっかけは、大枚150万円を投資して出かけた「南米コーヒーツアー」（全国喫茶飲食生活衛生同業組合の主催）で知り合った、広島県の「十日市茶房」店主の面出《めんで》清さんの言葉だったという。

「『コーヒーは素材で決まる。よい豆を買っておけば、商売は後からついてくるのじゃ』と広島弁で言われました。それを実際の行動でも示されて、現地では当時の金額で300万円も投資して豆を買われていた。宿舎では毎晩コーヒーのことを語り、特に生豆について実によく知っておられた。このツアーが縁で、『広島へおいでんさい。交通費をかけてもモトはとれますけんに』とお誘いを受けて広島に行き、焙煎工場も視察させていただいたのです」

当時、面出さんは60歳、鈴木さんは32歳だった。親子ほど年の違う青年に情熱を感じたのだろうか。これ以降、鈴木さんは世界各地のコーヒー生産地に足を運んでコーヒー豆を吟味して買い、外国製の焙煎機を買ってさらに焙煎技術を磨き、店での淹れ方にもこだわった。現在、サザの豆は、本社工場の2階、地上6メートルの場所に保存されているが、これも面出さんの工場で学んだ。

「面出さんの焙煎工場は店から少し離れた場所にあり、鉄筋2階建ての2階に生豆が保存されていました。しかも生豆の袋を立てた状態で床に並べてあった。この方法に習ったのです」（鈴木さん）

高温多湿の日本の気候に適した保存方法は、歴史で習った〝高床式〟の収納方法である。

サザコーヒーがライバルより「稼げる」5つの理由

商売としてカフェを営む以上、「稼ぐ」ことが前提条件だ。ただし、売ってやろうの姿勢が露骨だと、お客さんは敏感に察知する。サザコーヒーは飲食の味に力を入れる一方で、店の魅力づくりを徹底追求した。これが「付加価値」となり、幅広い客層から支持を集めるようになった。サザの本店でいえば、たとえば次の5つだ。

①都心の店では実現しにくい広い庭

本店はJR勝田駅から徒歩7～8分。幹線道路沿いの場所だが、街なかの店としては広い約150坪の庭がある。店の客席から庭に出ることもでき、庭にはテラス席も設けている。

②座席空間とイスの座り心地

繁華街のセルフカフェは座席空間が狭く、長居がしにくい固いイスも多いが、サザ本店の座席空間は広く、イスの座り心地もよい。

③コーヒー以外のメニューも多い

多彩なコーヒーメニューがあるが、それ以外のドリンクメニュー、フードメニュー、スイーツメニューも取り揃えている。グループ客であっても思い思いのメニューが楽しめる。

④物販コーナーも充実

本店ドアを開けると、すぐカフェ店内ではなく、食器や雑貨、自社商品が並んだ売り場がある。混雑時の待ち時間や、カフェの利用後など、さまざまな使われ方をしている。

⑤ギャラリーも併設

くわしい内容は109ページで紹介するが、本店のドアを開けた右奥には「ギャラリー」もある。地元の作家の作品が展示されており、購入することもできる。

①と②は居心地のよさにつながり、③の飲食メニューはゆっくり楽しめる。④で買い物をする人も多くなった(結果的に客単価も上昇した)。⑤を楽しむ人も多く、作品の鑑賞で気分も満たされるようだ。

もちろん最初からこうなったのではなく、創業半世紀のうちに魅力を磨き続けた結果だ。毎日来るお客さんと「対話」して、時には「提案」して、魅力づくりを考えていきたい。

なぜ、「ジャパンコーヒー」をめざすのか？

46ページで取り上げた、鈴木さんの言葉をもう一度紹介したい。

「よい飲食店には、①いい材料を使う、②すぐれた調理技術があり、おいしい、③お客さんを楽しませるホスピタリティの技術と演出があります」

1章で紹介したが、カフェの基本性能は「飲食」と「場所」の提供だ。でもこれは「自宅」でもできる。①〜③も、料理と演出が上手な人が主催するお茶会やホームパーティーで実現できる。だが、自宅とカフェの最大の違いは「本気の継続性」だ。

カフェ開業者の中には「自分が興味を持つものを店に反映しました」と話す人もいる。それが多くのお客さんの共感を得ればよいが、店主の独りよがりだと長期にわたる集客はむずかしい。人気店は、毎日来るお客さんの要望とも向き合い、店を変化させていく。

明確な「目的」（店の運営を通じて実現したいこと）があってこその「手段」（その店らしさ）なので、この視点でサザコーヒーの取り組みを考えてみよう。

同社がめざすのは「量」よりも「質」――。店舗数の急拡大よりも、中身を深める。その究極の目的は「ジャパンコーヒー」の象徴になることだ。

ジャパンコーヒーとは聞き慣れない言葉だが、ふだん穏やかな口調の鈴木さんが、熱っぽくこう説明する。

PROBAT

「日本には世界一、良質の水が存在します。国土の7割が山林で、太平洋や日本海に発達した雲が日本全土に雨となって降り注ぎ、1年間に平均1700ミリ以上の雨量となります。これは世界で10番前後のランクです。その雨は地表を浸し、川となり、太平洋や日本海に流れます。この水（蒸留水）を使って料理するのが日本の食文化の特徴で、ごはんも味噌汁もそうですが水分を使った食事が多く、良質の水があるから出汁《だし》の食文化となり、「UMAMI（ウマミ）」が世界用語として定着しました。そこで、カフェのコーヒーも、日本の良水から考える必要があります。フレンチコーヒー、イタリアンコーヒー、アメリカンコーヒーという言葉があるように、当社はジャパンコーヒーとして極めたいのです」

そのために、良質のコーヒー豆を選び（いい材料を使う）、焙煎や抽出を工夫して提供し（すぐれた調理技術、おいしさ）、提供する器にもこだわってきた（お客さんを楽しませるホスピタリティ）――と話す。

最近の「コーヒー」は価格帯もさまざまだ。コンビニの100円コーヒーもかなりおいしくなった。「朝、オフィスで飲むコーヒーなら、コンビニのテイクアウトで十分」（40代の女性）という人も増えている。ただしコンビニの自動コーヒーマシンでのコーヒーは、一定の味は実現できても、「ジャパンコーヒー」の象徴にはなれない。

「サザ各店では『純水』を使っています。米国NASAが開発した『逆浸透膜浄水器』で不純物を除去した水です。本店には井戸水も備えてあり、ろ過して使えます。この良水を用いてコーヒーを提供しているのです」（鈴木さん）

コンビニコーヒーとの差別化としても、①〜③の本気度が大切なのだ。

郵便はがき

おそれいりますが
62円切手を
お貼りください。

1028641

東京都千代田区平河町2-16-1
平河町森タワー13階

プレジデント社

書籍編集部 行

フリガナ		生年（西暦）　　年	
氏　　名		男・女	歳
住　　所	〒 TEL　　（　　）		
メールアドレス			
職業または学校名			

ご記入いただいた個人情報につきましては、アンケート集計、事務連絡や弊社サービスに関するお知らせに利用させていただきます。法令に基づく場合を除き、ご本人の同意を得ることなく他に利用または提供することはありません。個人情報の開示・訂正・削除等についてはお客様相談窓口までお問い合わせください。以上にご同意の上、ご送付ください。

<お客様相談窓口>経営企画本部 TEL03-3237-3731

株式会社プレジデント社　個人情報保護管理者　経営企画本部長

この度はご購読ありがとうございます。アンケートにご協力ください。

本のタイトル

●ご購入のきっかけは何ですか?(○をお付けください。複数回答可)

1 タイトル　2 著者　3 内容・テーマ　4 帯のコピー
5 デザイン　6 人の勧め　7 インターネット
8 新聞・雑誌の広告（紙・誌名　）
9 新聞・雑誌の書評や記事（紙・誌名　）
10 その他(　)

●本書を購入した書店をお教えください。

書店名／　（所在地　）

●本書のご感想やご意見をお聞かせください。

●最近面白かった本、あるいは座右の一冊があればお教えください。

●今後お読みになりたいテーマや著者など、自由にお書きください。

どうもありがとうございました。

SAZA COFFEE STYLE 06

なぜ、個人店が「南米に直営農園」を持ったのか？

サザコーヒーの本気度を示す象徴的な事例がある。おいしいコーヒーを追求した結果、南米コロンビアに直営農園「サザコーヒー農園」を開き、自社で運営しているのだ。つまり同社は「川上」（コーヒー農園での栽培）から「川下」（店でコーヒーを提供）まで一貫して行っている。ＵＣＣやドトールコーヒーといった大手企業は自社農園を所有しているが、地方の個人店では極めて珍しい。

なぜ、直営農園を持とうと考えたのだろうか。鈴木さんはこう明かす。

「長年にわたり世界各地のコーヒー産地を訪れて、さまざまな農園を視察するうちに、コーヒー屋として、自分なりのコーヒー生豆を生産しようと思ったのです。私が考える、理想的なコーヒー豆の品種はティピカ種かブルボン種。それをシェイドツリー（陰をつくる樹木）の近くで栽培して育て、収穫では完熟したコーヒーの実（コーヒーチェリー）だけを摘み取る。そしてきれいな水で洗い果肉を取り除く。パーチメント（※）の段階で天日干しをするのが理想です」

※パーチメント＝コーヒー果実の種皮がある状態。米でいえば「玄米」段階に当たる。

この条件を満たす農園を捜し歩いた結果、アンデス山脈の麓《ふもと》、コロンビアのポパイアン地区の農園が見つかった。治安の悪い場所だった同農園の経営を始めたのは１９９８年で、20年となる。

２０１６年は良質のコーヒー豆を多く収穫できたが、土壌や品種にこだわり、生産も効率性を求めずに減農薬で栽培するため病虫害に弱く、これまで3回全滅した。

自社農園以外にも「グアテマラのアンティグア」「エルサルバドルのゴルダ」「北スマトラのマンデリン」「コロンビアのグロリアス」などの農園から良質のコーヒー豆を買い付けるのは、現在はサザコーヒー副社長で息子の鈴木太郎さんの仕事だ。東京農業大学卒業後、グアテマラのアンティグアにあるスペイン語学校、コロンビアの国立コーヒー生産者連合会の味覚部門「アルマ・カフェ」でも学んだ太郎さんは、スペイン語が堪能で外国人の友人・知人も多い。

前述のように3回も全滅した栽培方法は、とても非効率に感じる。だが、鈴木さん親子には信念がある。「最高のコーヒーをつくりたい」という思いだ。太郎さんが熱く語る。

「以前からあった農園を買い取り、私が責任者として派遣されたのですが、国情や従業員の意識も日本とは異なり、運営には苦労しました。高級品種のティピカとブルボンにすべて入れ替えるまで7年もかかり、どうやって育てればベストなのか試行錯誤しました。幸い、栽培における私の師匠であるエドガー・モレノ博士（コロンビアコーヒー生産者連合会＝ＦＮＣの元品質管理部長・写真左）の指導や従業員の努力の結果、徐々に軌道に乗りました」

時間をかけて良質な土壌づくりからやり直し、減農薬のコーヒー豆の栽培に変えたという。実は、２００６年まで農園からは1粒のコーヒー豆も届かず、商業ベー

スに乗ったのは２０１５年だった。カフェ事業が好調だったので、農園が赤字経営でも吸収できたのだ。そんな苦労が実り、２０１７年8月、サザ農園はＦＮＣが主催して32の農園が参加したコロンビア・カウカ州の品評会で初優勝した。
もちろん、これからカフェを開業したい人にとっては、いきなり農園経営は非現実的な話だろう。だが壮大なロマンを掲げ、一歩一歩実現する姿勢は見習いたいものだ。サザコーヒーも１９６９年に「店舗面積7坪・座席数15席」の店で始まったのだから。

なぜ、大手チェーンとの「差別化」ができるのか？

カフェに限らず、さまざまな業界で大手企業の進出により苦境に陥る中小企業や中小商店は多い。象徴的なのが全国各地の商店街だろう。国民的マンガ「サザエさん」の主人公のように商店街の魚屋さんや八百屋さんで買い物をし、三河屋さんにビールを届けてもらう消費者は少数派となった。大手小売店が進出すると、まとめて買い物ができる便利さで客足を奪われる商店街は多い。逆に、今でも商店街や個人店が元気な街は、地域に活気がある。

もちろん大手には大手のよさがあるが、中小企業が大手に対抗する手はある。サザコーヒーにおける「大手に負けない手法」を、鈴木さん親子がこう明かす。

①徹底した〝3現主義〟

「コーヒー店として、味の説明責任や説得性が求められます。その意味でウチの強みは、コーヒー豆の栽培から店での抽出まで一貫して行うこと。頻繁に直営農園や他の契約農園を訪れて、自分たちの目でコーヒー果実を見て、味わっています。担当部署の社員も頻繁に現地に行きます。同じことは大手も行いますが、サザコーヒーは、同じ社員が生産地訪問から直営カフェでの提供まで確認

できるのも強みです」（太郎さん・上の写真の右端）

いわば現場主義だが、ビジネスの実務では「現場・現物・現実」の〝3現主義〟で語られる。農園やカフェという「現場」、コーヒー果実や焙煎という「現物」、時には天候や輸入トラブルなどの「現実」と向き合うことで、コーヒーへの愛情や当事者意識も一段と高まる。

②コーヒーの文化も発信する

「地域のPTAや公民館から『コーヒー教室を開きたい。講師をお願いしたい』との依頼が数多くあり、時間が許す限り応じています。月に3回ペース、年に40回近く開いており、参加者は私の話よりもケーキとコーヒーが安い会費で味わえることに魅力を感じているようですが（笑）、コーヒーの普及に役立てばと思い、続けています。茨城県のNHK文化センターや常陽銀行のカルチャー教室での講座も30年近く継続中です」（鈴木さん）

③ 訴求するのは「日本人に合ったコーヒー」

「長年、世界各国を回りましたが、常に意識したのは日本人に合ったコーヒーです。日本には2000年にわたる喫茶文化（ここではお茶を喫するの意）がある。お茶の葉エキスをお湯で引き出し、何も加えずに飲む文化です。現在は、コーヒーもミルクや砂糖を入れずにコーヒー本来の味を楽しむ人が多数派です。そこで飲んで後味がよく、苦みと酸味のバランスのよいコーヒーを訴求しています」（鈴木さん）

ぼくは、さまざまな取材で興味深い「食の話」を聞いてきた。たとえば「日本人は〝生もの文化〟なので、スモークハムも欧州とは燻《いぶ》し方を変えて製造する」（食肉メーカー製造部長）とか、「ハンバーガーやポテトなどドライフードの米国に比べると、日本はごはんや味噌汁、ラーメンやうどんなど水を使う料理が多く、日本人の身体にはウォーターリザーブ（水分の貯え）がある」（陸上の専門家である国立大学教授）といった話だ。これらを考え合わせると、「日本人に合ったコーヒー」という言葉に重みが増すように思う。

SAZA COFFEE STYLE 08

なぜ、「最高級のコーヒー豆」をオークションで競り落とすのか?

世界のコーヒー事業者の間で「Who is Saza Coffee ?(サザコーヒーとは何者だ?)」と思われる瞬間がある。ほぼ毎年、最高級のコーヒー豆を最高値で落札するからだ。

たとえば2017年の「ベスト・オブ・パナマ」(パナマで行われるコーヒー豆の国際品評会)では、「ゲイシャ」という品種の豆を「1ポンド当たり601ドル」(約454グラム当たり約6万7300円=当時の為替レート)という史上最高値でサザコーヒーが共同落札した(図表②)。

現在、「ベスト・オブ・パナマ」は「カップ・オブ・エクセレンス」とともに、コーヒー事業者の間で最高峰に位置づけられる権威ある品評会だ。毎年、現地で参加する太郎さんがこう説明する。

「コーヒーの品質を徹底追求する当社にとって、宣伝効果も高いため『金に糸目をつけずに』落札しています。とはいえ、生豆を荷造りして現地から輸入し、自家焙煎すると、今回落札した最高額の豆は、100グラムで最低4万円、店ではコーヒー1杯5000円で提供しないと元はとれません。この間まで、店で1杯3000円で提供したのは、2016年に1ポンド当たり275ドルで落札したゲイシャの品種でした」

日本では、高度成長期以降は「ブルーマウンテン」が最高級のコーヒー豆の代名詞だった(業界関係者はそれを皮肉って「ブルマン信仰」と呼ぶ人もいる）が、現在、最高級の代名詞は「パナマ・ゲイシャ」だ。「ちなみに〝ゲイシャ〟とは、コーヒーの品種名です。由来はエチオピアのゲイシャ村で、その村と赤道からの距離や気候・標高まで酷似した中米パナマで生産されるため『パナマ・ゲイシャ』と名づけられたもの、日本の芸者さんとは関係ありません」（太郎さん）

他の品種とは味に大差があるこの品種を発見してブランドコーヒー豆に育て上げたのが、パナマの「エスメラルダ農園」だ。２００４年に同農園のコーヒー豆が「ベスト・オブ・パナマ」で優勝して以来、同農園のパナマ・ゲイシャは品評会、オークションを通じて世界最高値を今日まで更新し続けている。サザコーヒーは05年から、同農園のコーヒー豆に注目していた。

「もともとコーヒー豆はフルーツの種です。果実をかじってみるとわかりますが、品種によってコーヒーの味も香りも違います。エスメラルダ農園のゲイシャはジャスミンの花のような香りもすれば、オレンジなど柑橘類の風味もするのです。農園は標高が高い高地にあり、シェイドツリーがあるなど、我々が理想とする生育環境を維持しています。そうした栽培姿勢と風味に魅了されて、早くから友好関係を結んできたのです」（太郎さん）

最高級のコーヒー豆をオークションで競り落とすまでしなくても、カフェにとって「話題性」は大切だ。人気店ほど関係者が現地に足を運んで、良質のコーヒー豆を購入するケースが多い。インターネットの発達で、個人店でも低コストで宣伝できるようになった。「現地を訪れた自分たち」「購入したコーヒー豆」などの写真をホームページやＳＮＳにアップして、商品の見える化・見せる化を積極的に行う店も多い。

図表② 2017年「ベスト・オブ・パナマ」(Best of Panama 2017)で、サザコーヒーが落札したコーヒー豆

Item number（商品番号）	High bid（最高値/ドル）	Unit（単位/ポンド）	Value（価格/ドル）（※日本円換算）	Description（記述=品種・農園名）	Winning bidder（落札者）
BOP-GN-01	601.0	1	6万100ドル（約673万円）	Esmeralda Geisha Cañas Verdes Natural	KEW Specialty Coffee Ltd, Sydney Coffee Business Pty Ltd, **Saza Coffee JAPAN**
BOP-GW-01	254.8	1	2万5480ドル（約285万円）	Sophia	**Saza Coffee** & Aroma Coffee
BOP-GN-14	165.0	1	1万6500ドル（約185万円）	La Mula	Aroma Coffee & **Saza Coffee**
BOP-TN-01	47.2	0.5	9,440ドル（約106万円）	SEllias Sweet Natural	**Saza Coffee** & Aroma Coffee

※日本円換算は、落札当日（2017年7月18-19日）のドル/円レート（平均：1ドル＝112円計算）から筆者換算による参考価格で金額は100ポンド分。支払い時期までの為替変動により、金額は変わる

なぜ、東京進出時に「タダコーヒー」と呼ばれたのか？

どんな人気店でも、最初は「無名」からスタートする。たとえその地域で人気となっても、別の土地に進出すれば知名度は低い。サザコーヒーが2005年10月1日に東京屈指のターミナル駅・JR品川駅構内の商業施設「エキュート品川」に出店した当時もそうだった。

「コーヒーの味には自信がありましたが、茨城のコーヒー屋がそれをお客さんに伝えるにはどうすればよいか？　考えた末に小さな紙コップにコーヒーを入れて、前を歩くお客さんにひたすら配ることにしたのです」

出店時に〝陣頭指揮〟をとった太郎さんはこう振り返る。陣頭指揮と書いたが、実際は「試飲」してもらうための作業で、「営業直前の朝から営業終了間際の夜までコーヒーを淹れ続け、それを妻や従業員と配りました。開店3日間で3000杯は配ったはず」だった。

さまざまな店を取材すると、認知されるまで、こうした〝ドブ板営業〟を実施した人気店も目立つ。たとえば千葉県の人口10万人弱の都市にある人気コーヒー店は、20年以上前の創業時に、近隣の住宅を回り続けたという。かつて経営者は次のように語っていた。

「毎日100軒以上の家を回りました。最初はチラシに焙煎豆を小袋に入れたサンプル（欠点豆を挽いて袋詰めにしたもの）も一緒に添付して、袋には『お飲みにならないで下さい』という言葉も記しました。夜に投函するので、朝起きて各家庭が新聞を抜き取った際に、コーヒーの香りが漂うことを期待したのです。店が休みの日には、コーヒーの話をするために家庭訪問も行いました。結局、こうした活動を2年以上続けました」

一連の営業活動の中では、直接会えた人への訴求が最も効果的だったという。家庭訪問して会ってくれた人には「50グラムの試飲コーヒー豆」を渡した。数日後、そのうちの1人から店に注文の電話が入り〝初受注〟になったという。

手渡しで試飲の豆やコーヒーを配る方法は今でも有効だ。有名なのが全国各地に展開する食品小売店「カルディコーヒーファーム」だろう。今では総合食料品店のイメージが強いが、もともとコーヒー豆を喫茶店に卸す焙煎業だった。

カルディの利用者ならご存じのように、店頭で小さな紙コップに入ったコーヒーを渡される（同社は「コーヒーサービス」と呼ぶ）。種類は主に「マイルドカルディ」。ミルクと砂糖の量も決まっている。マイルドカルディはクセがなく誰にでも好まれる味で、約30種類ある同社のオリジナルブレンドの中でも、一番お勧めのコーヒーだ。季節によって種類は変え、夏は苦味をきかせた「イタリアンロースト」のアイスコーヒーを提供している。

サザコーヒーの話に戻ろう。開店時の試飲でお客さんの関心を引いたエキュート品川店は、常連客の多い店へと成長した。２０１７年7月20日、同店はリニューアルオープンした。場所も少し移動し、激戦区の駅ナカ店で、店舗面積が約2倍となる〝出世〟を果たしたのだ。

なぜ、社員は「独立しないで定着する」のか？

昔から飲食店は開業も多いが廃業も多い。廃業理由はさまざまだ。長年続いた店の廃業で最も多いのは「後継者不足」だ。一方、店を開業して軌道に乗っても、長続きしないケースもある。その理由のひとつに「頼みとなる従業員の退職」がある。「一国一城の主」をめざして仲間と開業した後、方針の違いで辞める。あるいは若手で入社した会社を早い段階で辞めて独立する例もある。

昭和時代の喫茶店は、長年勤めたベテラン社員がオーナーから許されて「のれん分け」する事例が目立った。だが、インターネットでさまざまな情報が入手でき、昔のような徒弟制度が崩壊した現代は、2～3年勤めて独立――という事例も目立つ。

そうした競合店に比べると、サザコーヒーは従業員の定着率がよい。まもなく半世紀の歴史を迎えるが、鈴木さん以外に、創業当初から勤めている社員も2人いる。

従業員の定着率がよい理由を、本部勤務の社員がこう明かす。

「特に給料が高いわけではなく、居心地がいいのでしょうね。会社として遊び心があり、新しいことに取り組む姿勢は旺盛です。本部でも細かい締め付けはない。店舗スタッフも、接客業なので服装や身だしなみは求められますが、ピリピリした雰囲気もありません」

現在、取締役店舗事業部長で、本店本部統括店長も務める砂押律生さんは、茨城大学の学生時代にサザコーヒーでアルバイトを始め、1989年の卒業後にそのまま入社した。当時は茨城県の土着の会社。それでも「東京への強い憧れもなく茨城のコーヒー屋が好きだった」と笑う。

もう1人の取締役の小泉準一さんは、スペシャルティコーヒーの造詣が深く、部下のバリスタを統率する役目だ。経営陣の信頼も厚い。だが、若い頃は進学先も就職先も希望がかなわなかった。方向転換して、サザ入社後に努力して今日の地位を築き上げた。「バリスタが全国大会で活躍し始めた5年前から目標もでき、社員が辞めなくなった」と言う。

「コーヒーの専門家であれ」がモットーのサザ社員にとっての、モチベーションのひとつが現地への出張だ。社員だけで海外出張する例も増えた。太郎さんがこう話す。

「社員がコロンビアのサザコーヒー農園に行くと、意識が各段に上がります。自分たちの農園ですし、『コーヒーの栽培とは何か』や『ウチの農園と他の農園はどう違うのか』が実感できるからです。たとえば店舗では使用期限などで、やむなくコーヒー豆を廃棄することもあります。でも農園に行った経験のある社員は、ひと握りのコーヒー豆でも廃棄には慎重です。栽培に手間がかかり、収穫して選別した豆の貴重さを知っているからです。もともとコーヒー好きな人が多いので、現地体験でより愛情が増し、モチベーションも高まるのです」

鈴木さんは、「ウチはこの規模の会社にしては海外渡航費がとてもかかっている」と笑いながら話す。昨(2016)年もケーキ職人が、欧州の本場に行き、ハンガリーなどを視察したそうだ。こうした「本場や本物を学べる」姿勢も定着率につながっているのだろう。

SAZA COFFEE STYLE 11

なぜ、創業者は土日に「皿を洗う」のか？

サザコーヒー会長の鈴木誉志男さんは、現在、ひたちなか商工会議所の会頭でもある。就任したのは2010年なので、すでに在任7年に及ぶ。旧勝田信用組合の理事長、合併後は茨城信用組合の常務理事を務めた経験もあり、現在も社外の役職が多い。いわば地元の名士だが、権威主義者とはほど遠いタイプだ。土曜日、日曜日や祝日には本店のカウンターに入って、コーヒーを淹れたり、皿洗いもする。

なぜ、カフェを13店も展開する会社の会長が、皿洗いまでするのだろうか。

「土日は一段とお客さんが多いので、店のスタッフはみんな疲れてきます。私がカウンターに入るのは、そのサポートの気持ちです。実際に重労働で、特に夏の時期には、シャツが汗だくになって何度も着替えるほどですが、ここからはお客さんの状況もよくわかりますし、カウンター席に座るコーヒー好きのお客さんと話すのも楽しみです」（鈴木さん）

これまで紹介した商品開発のエピソードでもそうだが、もともと好奇心旺盛で何でも自分でやってみるタイプの人だ。そうした行動の結果、有機栽培農業も行えば、自社の直営コーヒー農園まで持ってしまった。

一方で、取材をすると「茨城のコーヒー屋」という言葉が時々出てくる。土日のカウンター作業は〝サザコーヒーの創業の原点〟を忘れないためにも思える。

会社が大きくなると、商売人からサラリーマンになるケースは多い。ぼくは30年にわたり、さまざまな企業と向き合ってきたが、「創業の原点」を忘れたような行動をとる経営者は、基本的に評価しない。たとえば庶民的な下町に本社を構えていた食品製造業が、都心ターミナル駅前のインテリジェントビル上階に本社を移すようなケースだ。もちろんその企業なりの事情はあるだろうが、「1個売って数十円の利益を積み上げてきた会社が、今後は消費者のナマの気持ちがわかるのだろうか」と感じてしまう。

一方で、競合のカフェチェーン店の中には、他業界から経営手腕を買われて就任した社長が、就任以来、店舗で週に1回、午前中にコーヒーを淹れ続けるケースもある。社員や取引先に聞くと、その行為に共感する声は多い。特に部下は、上司がどんな行動をとっているか、よく見ているものだ。

もしあなたがカフェを運営して経営が軌道に乗っても、店でお客さんと接する現場作業だけは続けたほうがいい。念のため紹介すると、銀行関係者の間では「ヒゲを生やしてゴルフがうまい社長にはカネを貸すな」という格言があるそうだ。良識ある経営者は、決してそうした〝バブル紳士（淑女）〟にはならない。なお、鈴木さんの公職は、いずれも周囲に推されて就任したものだという。

「象徴的なのが、1996年に就任した勝田信用組合の理事長です。当時は金融不安で多くの金融機関の経営が厳しい時代でした。誰も希望者がおらず、やむなく私が就任したのです。ただし、そのおかげで金融知識はもちろん、採算管理への厳しい目も培われました」

ちなみに本人を最もよく知る、妻で社長の鈴木美知子さんの評価は「人のいいコーヒー屋のオヤジ」だそうだ。

第3章

「値段が高くても」顧客を増やすメニューの秘密

茨城県内に10店舗を展開し、東京都内に2店舗を持つ「サザコーヒー」は、
基本的に茨城県内でも都内でも価格に差はない（多少の例外はある）。
飲食代は安くなく、ランチメニューもない。
コーヒーとパンセットを注文すると1000円を超えてしまう。
それでもお客が押し寄せるのはなぜか。
この章では、メニューの舞台裏に迫ってみた。

なぜ、ワインより高い「1杯3000円のコーヒー」が売れるのか？

サザコーヒーの店でメニューを開くと、コーヒーは400円台からある（店によって少し価格が異なる）。

たとえば本店では「サザ・スペシャル・ブレンド」が480円、「マンデリン」が540円、直営農園で収穫されたコーヒー豆を使った「サザ農園（コロンビア）」は590円となっている。コーヒーの品質にこだわるだけあって安くはないが、多くのお客さんが注文する商品だ。

その中でも突出して高い商品は「世界一のコーヒー『パナマ・ゲイシャ』」シリーズだ。本店では1杯「1000円」「2000円」「3000円」の3種類を提供してきた。人気を呼び品切れとなったため販売を休止し、2017年10月から再開予定だ。

65ページでも紹介した「パナマ・ゲイシャ」は、コーヒーの原産地エチオピアの〝ゲイシャ村〟と環境条件が似た中米パナマで生産されるコーヒー豆だ。かつての「ブルーマウンテン」にとって代わり、現在は世界最高値の豆として君臨する銘柄である。

1杯3000円のコーヒーは、そうそう出ないだろうと思いきや、「本店では、2日に1杯程度、全店では1日に2～3杯ご注文いただいていました」（本店 砂押さん）という。

97.
THE BEST PANAMA
GEISHA
·SAZA COFFEE·
97.
THE BEST PANAMA
GEISHA
·SAZA COFFEE·

お客さんの立場で考えると、「オークションで落札された最高級の豆を用いたコーヒーなら、せっかくなので飲んでみよう」となる。消費者が納得する〝商品ストーリー〟があれば「高くても売れる」のだ。

２０１７年の「ベスト・オブ・パナマ」で落札した豆が店頭に並ぶのは同年10月の予定。このオークションでは、４部門中３部門をサザコーヒーが落札した。その中には史上最高額「１ポンド当たり６０１ドル」（約４５４グラム当たり約６万７３００円＝当時の為替レート）で共同落札した豆もあるのだが、さていくらの値付けで提供されるのだろうか。

単純計算では、コーヒー豆１００グラム＝４万円以上、店ではコーヒー１杯＝５０００円以上でないと利益が出ない。あるいは「採算を度外視して大判振る舞い」をするのだろうか？

栽培したコーヒー果実をかじるとフルーティーな味がし、焙煎すれば風味も香りも楽しめ、高品質の人気銘柄は驚くような高値で取引される。コーヒーはすっかりワインに近い存在になった。

なぜ、「うちカフェ」にはない、味と雰囲気が大切なのか？

かつて大手食品メーカーの社長に「外食店は何を売り物にするか」を聞いたことがある。答えは次のような内容だった。

「自宅ではできない味と雰囲気でしょう。たとえば寿司は、スーパーでも売っていますし、材料を買ってくれれば自宅でもつくれます。でもおいしいお寿司屋さんの味と雰囲気は、自宅では実現できません」

そんなことは当たり前と思うかもしれない。だがこの社長は、若手社員時代は飲食店に納入する酒類営業を行い、同社の関連企業には外食チェーン店もある。そう考えると、経験に裏づけられた発言に重みが増すのではないだろうか。寿司をコーヒーに変えれば、カフェも同じだ。「自宅との違い」を実現しなければならない。

ところで、日本の消費者が「どこでコーヒーを飲んでいるか？」を調べた調査データがある（全日本コーヒー協会調べ。中学生以上79歳までを対象にした「1週間当たりのコーヒーの飲用場所」）。

実に6割以上が自宅で飲まれており、2割以上が職場や学校で飲まれている（図表③）。

同じ調査ではこの30年の経緯も示す。同協会では「２００２年から飲用杯数の質問形式が変わっ

図表③ 飲用場所別「1週間当たりの杯数」

	合計	家庭	喫茶店・コーヒーショップ	レストラン・ファーストフード	職場・学校	その他
1983年	8.60杯	5.10杯	1.10杯	0.10杯	1.70杯	0.50杯
1985年	9.02杯	5.25杯	1.05杯	0.10杯	1.97杯	0.65杯
1990年	9.90杯	5.62杯	0.88杯	0.11杯	2.37杯	0.92杯
1996年	10.80杯	5.99杯	0.69杯	0.18杯	2.97杯	0.96杯
2000年	11.04杯	6.49杯	0.52杯	0.17杯	2.98杯	0.88杯
2002年	10.03杯	6.27杯	0.34杯	0.14杯	2.50杯	0.76杯
2004年	10.43杯	6.42杯	0.38杯	0.12杯	2.69杯	0.76杯
2006年	10.59杯	6.38杯	0.33杯	0.11杯	2.78杯	0.93杯
2008年	10.60杯	6.52杯	0.22杯	0.10杯	2.77杯	0.91杯
2010年	10.93杯	6.74杯	0.23杯	0.09杯	2.86杯	0.94杯
2012年	10.73杯	6.85杯	0.21杯	0.11杯	2.56杯	0.93杯
2014年	11.13杯	7.04杯	0.19杯	0.12杯	2.71杯	1.01杯

（注）2002年より飲用杯数の質問形式が変わっている。
（資料出所:全日本コーヒー協会「コーヒーの需要動向に関する基本調査」より抜粋）

たことにより、連続性が薄い」というが、それでも長期の傾向はわかる。店で飲む杯数が減り、家庭や職場・学校で飲む機会が増えた。近年は職場・学校も少し減り気味だ。

つまりカフェ・喫茶店の最大のライバルは、家庭で飲む「うちカフェ」なのだ。コーヒー3杯のうち2杯弱は、どこかで買ったものを自宅で飲んでいる計算となる。

この結果は冷静に考えればいい。コーヒーの需要自体は増えており、現在はかつてないほど「コーヒー好きな国・ニッポン」の時代だ。人気店ほど、選択肢が増えた消費者に〝違い〟を訴求している。

サザコーヒーが、自宅でできない味と雰囲気をめざすのは、「日本一おいしいコーヒー屋になりたい」（サザコーヒー会長の鈴木誉志男さん）からだ。それを実現するために、コーヒー豆の栽培にこだわり、水にこだわり、焙煎や抽出にこだわってきた。

味だけでなく、雰囲気づくりも大切だ。サザは、マニアックなほどコーヒーにこだわるが、店の主張を押しつけず、お客さんの選択の余地は広い。コーヒー以外のメニューも充実し、来店客は好きなメニューを注文して楽しんでいる。店内はなごやかで、気難しそうなマスターが醸し出す〝コーヒー道場〟のような緊迫感はない。「昭和時代の喫茶店マスター」（鈴木さん）にもかかわらず、時代の変化と上手に向き合い、さまざまな世代が楽しめる店にしたことは特筆される。

そうした店では、1人客からグループ客まで、思い思いに過ごすことができる。以前本店のテラス席にいた1人客の女性（推定40代）に話を聞いたら、「ふだんは解析を行う研究開発業務なので、気分転換に中庭をながめながら目と舌の保養をしています」と語っていた。

景色をながめたり、他のお客さんを見ながら飲食を味わうのも「自宅ではできない雰囲気」なのだ。

SAZA COFFEE STYLE 14

なぜ、「カウンターで淹れるコーヒー」にこだわるのか？

初めて、サザコーヒー本店を訪れたデザイナーの草薙伸行さん（本書の装丁・デザインを担当）は「何ともいえない絶妙の雰囲気」と感心していた。伝統もあるけれど、新しさもあるという意味だという。飲食の味も店の造りでも、バランスは大切だ。

実は、飲食店には「昔ながらの味」はあるが、「昔から変わらない味」はない。材料も変われば、調理の仕方も変わる（伝統料理であっても微妙に変わる）からだ。「おいしい」「まずい」ではなく、現代の味覚になじんだ消費者が、たとえば昭和40年代の人気店の看板メニューを食べたら違和感を持つだろう。逆に、店側の視点では、時代とともに来店客の舌はどんどん肥えているから、まったく同じレシピでは受け入れてもらえない。

国内に３００店以上のチェーン店を展開する、創業70年超の企業の役員はこんなことを言っていた。「いかに、いろいろな材料を少しずつ変えて『昔ながらの味』と思われるか。お客さんのイメージから、できるだけ乖離《かいり》しないようにするのが、私たちの使命です」

サザコーヒーの味も昔とは変わっ

た。開業当初はサイフォンで濃厚に抽出してコクのあるコーヒーをめざしていたが、いまは本店ではネルドリップで抽出し、苦みのなかに感じる甘みも重視している。この味を高く評価する人は多いが、自分の好みとは違うと思う人もいる。
　長年にわたって人気のロングセラーブランドほど、「不易流行」の視点でバランスを考えている。不易＝時代とともに変わらないもの、流行＝時代とともに変えるもの――という意味だ。サザの例でいえば「おいしいコーヒーにこだわる」のが「不易」で、「コーヒー豆や焙煎・抽出を変えて提供する」のが「流行」となる。
　コーヒーについては飲み方の変化もある。昭和時代のコーヒーは砂糖とコーヒーフレッシュを入れて飲む人が多かった。そのため、砂糖とコーヒーフレッシュを入れた場合を想定して、味の設計をした店もある（ただし、多くの店の味は〝店主のこだわり〟だった）。

それが現代では、何も入れない「ブラック」で飲む人が大半だ。理由はさまざまだが、スッキリした味を楽しみたい、健康面に気をつけて摂取カロリーを抑えたいからだろう。

店の雰囲気にも流行はある。顧客対象を若者向けにするか、全世代向けにするかで変わるが、このところずっと人気の店舗コンセプトの一つに「大正ロマン」や「昭和レトロ」がある。いずれも「どこか懐かしい」「何となくホッとする」店づくりだ。

たとえば壁面を焦げ茶色にすることで落ち着きを感じさせるのが大正ロマン（の1つの例）。高度経済成長期を舞台にした映画『ＡＬＷＡＹＳ　三丁目の夕日』に出てくる店のような雰囲気を感じさせるのが昭和レトロだ（これ以外の例もあり）。

ただし、外観や店内の体裁を真似ただけで中身がないと〝テーマパーク〟的な店になってしまう。毎日の接客の繰り返しで経年変化をした店には、絶対にかなわない。

サザコーヒー本店には「コーヒー屋の象徴」がある。カウンター席だ。バリスタが淹れるコーヒーを向かい合った状態で見られるのはコーヒー通のお客さんには至福のひと時。寿司店と同じくコーヒー店のカウンターは特等席なのだ。店の気概を示すかのように、サザ本店のカウンター席には長さ8メートルの一枚板が使われている。

SAZA COFFEE STYLE 15

なぜ、コーヒーは「ネルドリップ」も「フレンチプレス」もあるのか？

コーヒー通の中には、コーヒー抽出器の違いで味を楽しむ人もいる。

たとえば「ネルドリップ」は、最もおいしい抽出法ともいわれる。サザコーヒーの基本抽出もこれだ。コーヒー豆を十分にふくらますことができ、豆の雑味部分をろ過する時に取り除き、なめらかな味わいになる。ちなみにネルは「フランネル」から来ており、起毛している織物（布）のこと。洗えば繰り返し使える。「紙よりも布は毛ば立つから透明度が高く濁らない。クリーンな味にでき、コクも出ます」と鈴木さんは説明する。

これに対して「ペーパードリップ」は文字どおり紙フィルターでろ過するもので、簡単・便利で一定の味が楽しめる。使い勝手もよく家庭でも簡単にできるので、「コーヒーの抽出法」としては、日本で最も普及している方法といえよう。

ちなみにスターバックスのメニューには「ブレンドコーヒー」がなく、それに相当するのは「ドリップコーヒー」だ。そのためドリップコーヒー＝ブレンドコーヒーと思う人もいるが、ネルやペーパーで「ドリップ」したコーヒーを指す。

これ以外に「フレンチプレス」や「エアロプレス」という抽出法もある。コーヒー用では、近年人気

が出てきた抽出器だ。もともと紅茶メニューでよく見る器械で、上から器具を押す（プレスする）。
　サザでは、ネルドリップを基本に訴求しているが、フレンチプレスもある。専門店としてのこだわりだ。父と同様（時にはしのぐ）、2代続けてコーヒーの風味を徹底追求する鈴木太郎さんはこう説明する。
「エアロプレスは、コーヒーの品種と焙煎によっては、最もおいしい味を実現できるのです。フレンチプレスは紅茶の茶葉を抽出するのに向き、店では40年前から紅茶用に使っていました。簡単なのにきちんと抽出でき、飲んだ時に独特の甘みも残ります。私は国内外のバリスタが参加する大会の運営などもしますが、

その味覚チェックをする際の〝カッピング〟に近い味にもなります。欧米では10年前からプレスしたコーヒーが人気でした」

前にも説明したが、嗜好品であるコーヒーは人によって好みがわかれる。「正解」はなく、私は××が好きという「納得解」しかない。そこで、自分の店の来店客を見すえた訴求となるが、店主のこだわりは（押しつけない限り）〝隠し味〟になるだろう。

好奇心旺盛で、試行錯誤の苦労をいとわない鈴木さんは、かつて「炭火焼コーヒー」を深掘りするために、炭火焼煎餅店の「宝船堂」（茨城県ひたちなか市）や、ローストビーフ店といった異業種から学んだこともある。

そんな鈴木さんも開業当初は、「サイフォン」でコーヒーを淹れていた。これは最近の〝サードウェーブコーヒー〟人気で復活した手法だ（今でも同店にある）。職人技のテクニックが求められ、不慣れな人が淹れると安定した味にならない。

それをネルドリップ主体にしたのは「苦味の中に感じる甘味」を追求した結果だという。だが、今年（２０１７年）リニューアルしたエキュート品川店ではサイフォンで淹れている。

マーケティングの鉄則に「消費者はどんどん変化する」という格言があるように、時代とともに消費者の嗜好も変わる。「ウチのやり方はこれだ」でお客さんに支持されるうちはよいが、時代の変化に対応する柔軟性も持っていないと、長年続く店にはならない。

なぜ、お勧めは「ドリップコーヒー」なのか？

19ページで紹介した永嶋万州彦さんは、若くしてドトールコーヒーのFCチェーン本部長や常務取締役を務めた人物だ。現在はフードビジネスコンサルタントとして活躍する。ぼくはカフェの取材を本格的に始めた10年近く前、永嶋さんから「戦後日本の喫茶業界は、10〜15年で人気店の潮流が変わった」という本質を学んだ。

永嶋さんが最近、専門誌に寄稿した記事（①〜③を抜粋）が興味深いので紹介したい。

「カフェ、喫茶店のメニュー用紙をつくる時、以下のようなポイントがあります。

①メニュー用紙は一枚、見開き型が基本

②一枚のメニュー用紙の表紙、裏表紙も使い、4枚のページとする

③見開き型の左上がその店の「業態」カフェ、コーヒー専門店は左上はコーヒーメニュー、イートカフェなら左上のフードメニューからスタートになります」

（出所『カフェ＆レストラン』2017年4月号。連載「カフェビジネス」永嶋万州彦の視点）

この視点で、サザコーヒー（本店）のメニューを開くと、「厳選　お勧め　ネルドリップコーヒー」に

続き、「サザ　スペシャル・ブレンド」（４８０円）、「五浦《いづら》コヒー」（５９０円）、「サザ　贅沢ブレンド」（４８０円。価格はいずれも税込み）となっている。つまりイチ押しは「ネルドリップコーヒー」だ。

紙製フィルター（ペーパードリップ）ではなく、布製フィルターを使うネルドリップは、最もおいしいコーヒー抽出方法という愛好家も多い。ネルドリップで抽出された「サザ　スペシャル・ブレンド」は、ブラジル・コロンビア・グアテマラ・エチオピアの4種類の豆をブレンドした品。どこのカフェでもそうだが、商品に店の名前をつけるのは看板商品の証だ。

１０６ページで開発秘話を紹介する五浦コヒーは、明治時代の日本美術界の思想家・岡倉天心にちなんだ商品だ。コヒーはコーヒーのことで、天心の直筆の手紙の表記からとった。

ちなみに少し前の本店メニューは、「スペシャル・ブレンド」「贅沢ブレンド」に続き、「コロンビア・サザ農園」（５９０円）を記し、自社の直営農園で栽培したコーヒーが三番押しだった。

このように、老舗のコーヒー店として、永嶋さんが指摘するメニュー構成のポイントをきちんと押さえているのだ。不慣れな店だと「価格が安い→価格が高い」順にメニューを記してしまったりするが、人気店はそんな羅列にはしない。

メニューを開くと最初に出てくる商品は、店からの暗黙のメッセージになる。サザ本店における「ネルドリップコーヒー」と「サザ　スペシャル・ブレンド」は、〈ウチの看板商品はこれですよ〉、「五浦コヒー」は〈現在のお勧めはこちらですよ〉とアピールしているのだ。

なぜ、コーヒー店が、あえてこだわりの「いちごシェイク」を出すのか？

90席ほど座席があるサザコーヒー本店には、コーヒー以外のドリンクメニューも多い。たとえば、紅茶には「アッサム」「ダージリン」「ケニア」などのストレートティーがあり、「ブルーベリー・メルロー」「ジンジャー・レモングラス」のハーブティーもある。

暑い時期には冷たいドリンクがよく出る。特に人気なのが「いちごシェイク」（本店は７００円）だ。これは茨城県内の村田農園（鉾田市）のイチゴを使ったものだ。実はこの農園、収穫した果物を高級フルーツ店「銀座千疋屋」、超高級ホテルのザ・ペニンシュラ東京やザ・リッツカールトン東京にも提供するという。「いちごシェイク」には銀座千疋屋と同じイチゴが使われている。そう考えると高くはなさそうだ。

でも、なぜ「いちごシェイク」を出すようになったのだろうか。

「コーヒーと同じように、本当にいい素材を用いた添加物のない味を楽しんでいただきたいと思ったからです。だから原材料にもこだわりました」と太郎さんは話す。

２０１７年７月には、「サザコーヒーエキュート品川店」のリニューアルオープンに合わせて「メロンシェイク」（品川店は７００円）の提供も始めた。こちらはＪＡ茨城旭村（鉾田市）が栽培したメロンが使われている。飲むと果実をきちんと感じる味だ。

実は、コーヒー店だからこそ、他のメニューに力を入れることも必要なのだ。コーヒーを味わいに来店するお客さんは多いが、みんながみんなコーヒー好きばかりではない。昔に比べてコーヒー好きの女性が増えたとはいえ、紅茶のほうが好きな人も一定層いる。

余談だが、もともと女性はコーヒーが苦手で、昔は紅茶派が多かった。昭和時代のアイドル歌手だった柏原芳恵さんのヒット曲の出だしは「紅茶のおいしい喫茶店〜」だった。

また、スターバックスの人気メニューは、「カフェラテ」や「キャラメルマキアート」などの〝ミルク系コーヒー〟でもある。それにより紅茶からコーヒー系に移った女性が、さらに健康志向の高まりやコンビニコーヒーの影響で、ストレートのコーヒーを楽しむようになった——と思う。

とはいえ、いつもはコーヒーでも「今日は違うものを頼みたい」消費者心理も考えたい。

少人数で切り盛りする個人店の場合は、あれもこれもと広げずにメニューを絞って、コーヒーが苦手なお客さんが頼めるような商品を用意したいところだ。そのポイントは、やはり女性客に支持されるかどうかがメニュー開発の基本となる。一般に注文が保守的な男性よりも女性のほうが好奇心旺盛で、いろんな商品を楽しみたい人が多いからだ。

ちなみに、東京・日本橋や軽井沢に店舗がある老舗店の人気メニューの1つは、「モカソフト」だ。自家焙煎のコーヒーからつくるソフトクリームだが、創業者（故人）が、軽井沢に滞在する別荘族の、コーヒーが飲めない子ども向けに開発した商品だった。これを女性客が支持するようになり、長年にわたって愛される人気メニューとなったのだ。

なぜ、「パン」「スイーツ」はあっても「ごはんモノ」はないのか？

多くのカフェには、メニューにパンやスイーツはあっても、いわゆる「ごはんモノ」はない。それはサザコーヒーも同じだ。この理由は大きく分けて2つある。

1つは、コーヒーには、ごはんモノよりもパンメニューが合いやすいこと。サンドイッチやバゲット（フランスパンの一種）のメニューをイメージすればおわかりだろう。

もう1つは、ごはんモノに凝り過ぎると、提供するまでに時間がかかることだ。ある大手チェーンの社長は、こう説明していた。

「多くの店舗を展開するチェーン店では、ごはんモノはチェーンオペレーション（店の運営）が煩雑になり、アルバイトやパートの方では調理も大変です。その中で最も手がけやすいのは、仕込みや盛りつけがしやすいカレーライス類でしょう」

喫茶店におけるごはんモノといえば、カレーライス以外にハヤシライス、定食系ではハンバーグ定食や生姜焼き定食が代表的な存在だ。さらに、から揚げ定食が人気の店もあるし、本日のランチとして日替わり定食を提供する店もある。「喫茶王国」といわれる愛知県（特に名古屋市や近郊）には、幕の内弁当のような日替わりランチが楽しめる店が多い。

従来の喫茶店型ではなく、女性店主のカフェに多いのは、ヘルシーなメニューだ。たとえば五穀米、十六穀米などは、身体にやさしい食事を好む女性には人気だが、取材すると、男性客にはあまり人気がない。ワンプレートのカフェごはんも「量が少ない割に値段も安くなく、コスパ（コストパフォー

マンス）がイマイチ」（20代の男性）といった声も目立つが、「だから提供しない」ではなく、「ウチの店はどの客層に向けて訴求するか」で考えたい。

こう紹介すると、ごはんモノにこだわる店は、個人店が多いことに気づくだろう。大手チェーンの「スターバックス」「ドトール」も「コメダ珈琲店」も「タリーズコーヒー」も、メニューにごはんモノはない。数少ない例が、北海道から九州まで全国に２６０店以上展開する「珈琲館」で、カレーライスやハヤシライスを提供している。

基本的に個人店と大手チェーン店では戦略が異なる。個人店では、高度成長期以降に発展したファミリーレストランに対抗するために、ごはんモノを取り入れた経緯もある。名古屋地区の個人店はその名残りで、喫茶好きの県民性ゆえ、なかには朝昼晩の食事を喫茶店ですます人もいる（さすがに店を変える人が多いが）。

サザコーヒーは創業以来、ごはんモノは出してこなかった。その理由は、コーヒー屋としての王道にこだわっており、コーヒーに合うパンメニュー中心できたからだ。

コーヒーに合うスイーツも、店の規模が大きくなってから本格開発し、今では専用のケーキ工房で手づくりする。これも女性客を中心に人気で、本日のケーキは５００円からある。レモンケーキやシフォンケーキ、限定のケーキなど種類は多いが、売り切れるのも早い。

一番人気は「かすてらショートケーキ」という商品だ。〝長崎カステラの元祖〟と呼ばれる福砂屋《ふくさや》をめざして開発したカステラが土台になっている。物販では「サザのかすてら」（１１００円）も販売する。「店のできる範囲で、何を深掘りするか」の視点が大切なのだ。

第4章

「茨城・勝田」で成功できた、仰天！ストーリー戦略

カフェの開業前に検討する条件の1つが「店の立地」だ。
かつては〝人通りの多い場所〟とされていたが、インターネットの発達もあり、
不利な立地でも工夫次第で人気店になるケースも増えた。
それをはるか以前からやってきたのが、サザコーヒーだ。
本店の立地は、県庁所在地でもなければ、有名観光地でもない。
それでも成功できた驚きの戦略があった。

なぜ、物販コーナーで「笠間焼の器」を売るのか？

サザコーヒー本店の入口ドアを開けると、目の前に現れるのは「物販コーナー」だ。ここには自社製品のコーヒー豆やカステラも置いてあれば、笠間焼の食器も販売している。カフェがあるのはその奥だ。

「笠間焼」は江戸時代中期に、現在の茨城県笠間市周辺で始まったという。同市によれば、始めたのは箱田村（現・笠間市箱田）の久野半右衛門という人物で、信楽《しがらき》の陶工・長右衛門の指導で焼き物を始め、窯を築いたとされている。戦後、笠間焼はプラスチック製品などの隆盛で一時厳しい時期を迎えたが、厨房用の粗陶品から工芸陶器への転換を図る。その結果、日常使いもする伝統工芸品として生き残り、今日でも健在だ。現在は約300人の陶芸家や窯元がいる「窯業産地」だという。

笠間焼の食器をサザ本店で本格的に扱うようになったのは、1989（平成元）年に現在の建物を新築してからだ。20代から40代にかけて茶の湯を学んだ、現会長の鈴木誉志男さんが地元名産として取り入れた。

つまり本店で、来店客と最初に〝出会う〟のは物販コーナーになる。なぜ、こんな店内構造にしたのか。鈴木さんが次のように説明する。

「サザコーヒーのモットーは、『喫茶だけを売るのではなく、喫茶を楽しむ文化を売る』なのです。そこで、お客さんに〝茨城のコーヒー屋〟として訴求するために、地元特産の笠間焼の食器も扱うようにしました。来店するお客さんからも好評です」

そしてこうも続ける。「本店では物販コーナーと喫茶コーナーを独立させているので、本店の売り上げ比率はほぼ半々です。レジ回りにコーヒー豆を揃えるだけでは、恐らく物販1割：喫茶9割となるでしょうが、物販コーナーを充実させて、見て楽しむコーナーにしました。ただし物販の品揃えは社長（妻の美知子さん）が決めています。私が、なぜこんな品を置いたのだと思っても決定権はありません（笑）」

実は本店には、食器以外にさまざまな場所で笠間焼が〝活躍〟している。物販コーナーの陶板壁は、笠間の陶芸家で人間国宝だった松井康成さん（1927〜2003）の作だ。1969年に鈴木さんがサザコーヒーを開業する際、旧知の松井さんから、その頃は一般的でなかった陶板壁の使用を勧められ、500枚の陶板壁を注文した。本店を現在の建物にした際に、そのうちの50枚を用いたという。

またトイレにあるのは、笠間焼の手水鉢《ちょうずばち》（洗面台）だ。こちらは笠間の陶芸家・小林東洋さんの作品で、「店内備品で一番おカネをかけた」（鈴木さん）という。

ただし声高に主張せず、利用者には〝雰囲気〟を感じてもらう姿勢が大切だ。

これはメニューにもいえるが、あまり店側の蘊蓄《うんちく》や説明が過ぎると、お客さんは引いてしまう。最近の飲食店メニューには「〇〇にこだわった××の料理です。主な味付けは何々で、隠し味にはこれこれを用いました」と説明文が長いものも多い。店主のこだわりは大切だが、そうした姿勢はきらりと光る〝ひと筋の汗〟ぐらいにとどめたい。

サザの手水鉢には、実は笠間焼で誰の作品だ、といった表示は一切ない。

なぜ、「1日に3000杯」無料コーヒーを振る舞うのか？

ひたちなか市には、毎年1月下旬、全国から大勢のランナーが集まる大会がある。「勝田全国マラソン」だ。参加資格は国籍不問・高校生以上となっている。

例年「10キロの部」と「マラソンの部」が設けられており、近年は10キロ＝1万人、マラソン＝1万5000人の合計2万5000人を募集する巨大イベントとなった。ちなみに同マラソンランナーの〝参加人数〟は、国内大会では「東京マラソン」や「大阪マラソン」などに次ぎ、7位となっている（株式会社計測工房の調査結果による）。

勝田全国マラソンは、選考基準により、マラソンの部の男女上位入賞者を米国ボストンマラソンに派遣するなど、アスリート色も強い。一方、コースは平坦で、特に10キロの部は、初心者にとっても参加しやすい大会だ。2015年までは人数制限がなかったが、近年のランニング人気の影響を受けて、人数制限が設けられるようになった。

マラソン大会の特徴を説明したため、前置きが長くなったが、サザコーヒーは毎年、この大会の協賛スポンサーに名を連ねるほか、ランナーに「無料コーヒー」を提供している。その数は毎年3000杯にもなり、常連ランナーにとっては大会名物のひとつとなっている。

これまで紹介したように、サザのコーヒーは高い。インスタントコーヒーを３０００杯無料提供するのとはワケが違う。なぜ、ここまで惜しみなく振る舞うのだろうか。

「ウチの店は地域によって育てられました。その土地に住み、商売を続けるうちにできた〝縁故関係〟を大切にし、感謝の気持ちを込めているのです。マラソン大会だけではありません。地域のＰＴＡの集まりや業界団体の会合、ユネスコ、ライオンズクラブなどの非営利活動、ボランティア活動の際にもコーヒーの無料提供をしています」（鈴木さん）

その結果、鈴木さんの悪友や口の悪い常連客からはこう言われるようになった。

「サザコーヒーではなく、タダコーヒーだ」

「タダコーヒー」と呼ばれるのは心外なのかと思いきや、そうではない。いい意味で、持ちつ持たれつの関係となっている。

「無料ですから、みなさん喜んで飲まれます。そしてサザコーヒーの名前が記憶に残ると、今度は何かの際に『指名買い』してくださいます。長年続けてきた結果、当社のコーヒーはホテルや飲食店への『卸』よりも、一般消費者への『小売り』が多いブランドになったのです」（鈴木さん）

「損して得取れ」ではないが、〝売ってやろう〟ではなく、〝ウチの味を知ってほしい〟姿勢を貫き、固定ファンの多いブランドに成長した。もちろん味（モノづくり）がおいしいことが前提だが、こうした啓発活動（コトづくり）もある。

個人店を開きたい人が最初に行うなら、「本音で話してくれる」友人・知人への試飲や試食だろう。商売である以上、「ここがよくない」という感想も授業料になるのだ。

なぜ、恐れ多くも『徳川将軍珈琲』を開発したのか？

サザコーヒーには、異色の人気コーヒー豆がある。「徳川将軍珈琲」だ。これは1998年に放映されたNHKの大河ドラマ『徳川慶喜』にヒントを得て開発したもの。

江戸幕府最後の征夷大将軍となった15代将軍・慶喜は、もともと水戸徳川藩の第9代藩主・徳川斉昭《なりあき》の七男として生まれた。大河ドラマで慶喜を演じたのは本木雅弘さん(俳優)で、地元茨城県は盛り上がった。その人気に目をつけて「徳川将軍にちなむコーヒーを開発しよう」と発想したのは太郎さんだ。この提案に、話題づくりが得意な父親も乗った。

「コーヒーを深めるために国内外の歴史を学び、現地に足を運んでその国や地域文化に触れるのが、私のモットーです。歴史・文化をもとに、地元・茨城県にちなんだストーリーも創り、商品開発に反映してきました。その最初の事例が『徳川将軍珈琲』です」(鈴木さん)

当時、水戸市は千波《せんば》湖の湖畔に観光用の水戸城を特設し、行政も民間もドラマにあやかった観光客誘致をしていた。99年、日本コーヒー文化学会の本部から茨城支部に「水戸で『コーヒーを楽しむ会』を開催してほしい」と要請があった。当時茨城支部・事務局長だった鈴木さんは準備を進めながら、フランス軍提督・軍服姿の慶喜の写真を見て、「コーヒーを飲んだのではないか」と思いを馳せた。

ここからの活動が面白い。鈴木さんは、雑誌『サンデー毎日』記者の紹介で、慶喜の曽孫にあたる徳川慶朝《よしとも》さん（広告制作会社勤務を経て、フリーカメラマン。故人）に電話する機会を得る。そこで「水戸市で行う会合で『将軍慶喜とコーヒー』という演題で講演をお願いしたい。謝礼は薄謝ですが、コーヒーだけはふんだんにあります」と伝えたところ快諾してくれた。

実は慶朝さんは筋金入りのコーヒー好きで、さまざまな種類の豆を飲み比べており、行きつけの喫茶店に通いつめて焙煎にも興味を持ち、店主から教わった経験もあったのだ。

同時並行で、鈴木さんが当時の文献を調べると、慶喜がフランス人の料理人を雇い、1867年に大坂（現大阪）の晩餐会で欧米の公使をもてなし、コーヒーを出した献立も残っていた。「当時は世界のコーヒー流通の6割をオランダが占めていた」歴史にちなみ、江戸末期に飲まれたコーヒーを徹底研究し、現代風に再現した。当時はオランダ領だった、インドネシア産の最高級マンデリンを用い、深煎りで焙煎することにした。そこで、慶朝さんにサザコーヒーで焙煎技術を学んでもらい「新商品」として開発したのだ。

きっかけは講演の依頼だったが、トントン拍子に話が進み、焙煎まで担当してもらった。その結果、慶喜の直系子孫の〝お墨付き〟を得たのだ。販売するコーヒー豆のパッケージをよく見ると、焙煎する慶朝さんの写真が印刷されている。店で提供するコーヒーは「徳川将軍カフェオレ」の名前で提供する。実はぼくの知人にも、徳川将軍珈琲のファンが多い。

ふつうの個人店が、ここまで成果を上げるのは簡単ではないが、「店の活動や対外活動を通じて知り合った人と、一緒に何かを始めて成功した」という話は、取材でよく耳にする。特に最近のカフェ業界はイベントも頻繁に行うので、交流の機会も多い。目的意識を持って動き続ける人には、情報も入ってくる——。その情報の採否を見極め、うまく生かしたい。

なぜ、地元から反発を受けた「五浦《いづら》コーヒー」が認められたのか？

サザコーヒーには、2014年に茨城大学の図書館内に出店した「サザコーヒー 茨城大学ライブラリーカフェ」という店もある。出店2年後の2016年、同大学からサザコーヒーに商品開発の依頼があった。

「県内の北茨城市・五浦地区の魅力アップにつながる商品を開発したい」という趣旨だった。五浦は海岸沿いに切り立った崖が続く景勝地で、〝関東の松島〟の異名もあるが、日本三景の本家に比べて知名度は低い。

ただし景観への評価は高く、近代日本美術の開拓者として有名な岡倉天心(覚三)ゆかりの土地だ。1906年に天心らが日本美術院の本拠地を当地に移し、天心が建てた六角堂もある。現在、六角堂は茨城大が管理しており、五浦の魅力発信は同大学の使命でもあった。

依頼を受けたサザコーヒー側は、鈴木さんが中心となってコーヒーの開発に取り組み始めた——ところ、地元から思わぬ反発が起きた。

日本文化や東洋思想の大家であ

る天心は、英文の著書『THE BOOK OF TEA（茶の本）』が知られており、「天心とコーヒーと五浦を結びつけるのは違和感がある」との意見が出た。つまりサザコーヒーが、お茶でなくコーヒーを開発するのは〝我田引水〟だと思われたのだ。

そこで行ったのが、文献の徹底調査と茨城大との連携による〝お墨付き〟だ。鈴木さんが大学と一緒に、現存するさまざまな資料を調べると、天心とコーヒーに関する逸話が浮かび上がってきた。たとえば天心が東京美術学校（現東京芸術大学）校長を務めていた当時、友人の翻訳家に当てた書簡に「兼而得御意候　コーヒー器械差出候」という文面があった。器械は現在のコーヒーミルと想定でき、「以前から話題にされていた　コーヒー器具をお送りします」と訳した。また、天心が米国に勤務した時代のコーヒー事情や流通事情も探った。

「1904年、天心は米国ボストン美術館の中国・日本美術部顧問に就任して以来、米国と日本を行き来し、その回数は24回にもなります。当時は船旅でしたから船中でコーヒーを飲んだでしょうし、勤務先のボストンは〝アメリカンコーヒー〟の発祥地でした」（鈴木さん）

さらに、茨城大の小泉晋弥教授、清水恵美子准教授らとともに研究を進め、天心の渡米前に当たる、1890年〜1900年の10年間で米国のコーヒー輸入量が1・5倍となったことも判明。1900年の米国製・業務用コーヒー沸かし機器の写真なども入手した。

こうした文献をもとに、当時ボストンで流行していた浅煎りのコーヒーを再現したのだ。商品名は、文献の表現を用いて「五浦コヒー」とし、商品パッケージには六角堂付近の景色を水墨画風に描いた。徹底した〝お墨付き作戦〟のおかげで、反発の声も消えた。

サザコーヒー各店では、取っ手のない器でコーヒーを提供する。コーヒー豆は〝1杯取り〟と呼ぶ、カップの上にコーヒーパックを載せてお湯を注ぐ商品とした。5パック入りで800円だが、当初の予想を上回る売り上げとなっている。

「2016年9月から販売を始め、1年で1万個近くが売れています。話題性もそうですし、〝個食時代〟に対応した1杯取りの使い勝手もよかったのでしょう」（鈴木さん）

SAZA COFFEE STYLE 23

なぜ、無料見学できる「ギャラリーSAZA」があるのか？

21世紀初めからの「カフェブーム」によって、さまざまな現象が起きた。飲食メニューが多様化したのもそうだが、「カフェ」という言葉が独り歩きし〝ヒトが集まる場の象徴〟として用いられるようにもなった。各地で開催されるトークショーやシンポジウムで「××カフェ」と名づけられるケースが多いのは、その象徴だ。

カフェが、ヒトが集まる場の象徴――の未来像を予測していたわけではないが、サザコーヒー本店には、1989年から「ギャラリーSAZA」と呼ぶ施設がある。カフェの一角ではなく、独立した室内スペースだ。鈴木さんの言葉を借りれば「茨城県で最も人気の高い貸しギャラリーで、来年まで開催スケジュールが埋まっています」とのこと。

人気の秘密は貸出料金の安さにもある。無名作家や若手作家の発表の場を兼ねているのだ。出展者は、火曜日から翌週月曜日まで7日間単位で借りることができ、利用料金の基本は1日1万円（＋税）。これ以外に、店の外に出す看板代が期間中1万円（＋税）かかるが、広さや期間を考えると非常に安い。文化発信地の位置づけで採算は度外視だからだ。

本店の来店客は無料でギャラリーを見学でき、出展した作品も購入できる。大都市とは違い、文化発信地が限られる地方では貴重な存在だ。設置の経緯を鈴木さんが明かす。

「もともと常連客の中に、現代美術のグループがいて、グループ展の打ち上げ会後にも、来店していました。その中の1人が『マスター、ギャラリーを中心にしたコーヒー店をつくれ』と真顔で言ったのです。私自身も油絵や陶芸をしていたので、面白そうだと構想を温めていました」

それを本店の新築時に実行に移した。当初は奥にギャラリーを設けて、来店者に喫茶を楽しんでもらおうと考えたが、「そんな魂胆が見え見えの造りでは、お客さんに見抜かれる。ギャラリーは文化事業としてやるべきだ。入口脇に独立した部屋として造ろう」と、鈴木さんが信頼する増山克巳さん（印刷デザイナー）と、建物を設計した瀧口弘道さん（建築家）のアドバイスでそうしたという。

鈴木さんは多趣味で、文化への造詣も深い。ぼくのような日本のカフェ文化を研究する人間には、明治時代の「カフェー」（当時の表記）の経営者に似ていると感じる。

あの時代は文化人が経営を担う例も多く、たとえば、1911（明治44）年に開業した、名店「カフェープランタン」の経営者は洋画家の松山省三、店の名づけ親は小山内薫（演出家）だった。ちなみにプランタンとは、フランス語で「春」や「青春」を表す。経営を安定させるために「維持会員」制度を設け、画家の黒田清輝、文学者では森鷗外、永井荷風、高村光太郎、北原白秋らが会員となったという。

現在でも、デザイナーやカメラマンがカフェを経営するケースはあり、本業の作品を展示したりする。ただし、店内にさりげなく作品を展示する程度ならまだしも、営利事業としてのギャラリー併設は、作品が高額で売れないとむずかしい。

なぜ、震災直後に「水戸駅」と「大洗」に出店したのか？

日本中を恐怖に陥らせた、２０１１年3月11日の東日本大震災とその後の大津波、そして原子力発電所の事故――。年々記憶が風化しつつあるが、当時は緊迫した状況だった。

震災では、サザコーヒー本店も被災している。ひたちなか市は震度6を記録し、営業中の店は店内の食器が壊れ、隣接する工場のコーヒー焙煎機も損傷した。

幸い、来店客やスタッフの人的被害はなかったが、被災後は電気が3日間、水道が3週間不通となり、店は休業。4月から営業を再開した。上下水道の再開が予想以上に遅れたのを教訓として、復旧活動が落ち着いた8月に、本店前の地中に井戸を掘って営業用水を確保したという。

そんな時期でも、都内の二子玉川駅前に「二子玉川店」（3月19日）、水戸の駅ビルに「水戸駅店」（5月25日）を開業、次いで「大洗店」（7月16日）にも店を出した。なぜ、先行き不安な時期に、震災の影響が強かった茨城県内に出店したのだろうか。

「茨城の2店舗は事情が異なります。水戸駅店は、ＪＲ水戸駅南口に新設された駅ビル『エクセルみなみ』に入居する準備を進めていました。それが震災で開業が危ぶまれましたが、5月25日に部分開業（その後全面開業）したのです。サザコーヒーは１９７３年から水戸市に店舗を構えており、

駅ビル側から熱心なお誘いを受けての出店でした」（鈴木さん）

現在は店舗面積も広がり、人気店へと成長した。駅ナカにあるスターバックスよりも集客が高いのも、これまで紹介したとおりだ。水戸駅店が「お誘い」で出店したのに対して、大洗店は「要望」に応えてだった。鈴木さんがこう事情を明かす。

「こちらは、津波の直撃を受けた大洗海岸に面した『大洗リゾートアウトレットモール』の中にあり、当時は大手カフェチェーン店が再開をあきらめて撤退したほどの惨状でした。地元の観光協会の要望を受けて、先の見通しが立たない中で出店したのです。サザ各店の経営が安定していたので、茨城のコーヒー屋として協力しようという思いでした」

出店直後は津波の恐怖心も残る時期で閑散としていたが、徐々に客足も戻り、その後は優良店に育った――のだが、運営をめぐる新たなトラブルに巻き込まれた。

もともとリゾートアウトレットは、大洗町が２００６年に臨海部の県有地に誘致して開業。一時は70店舗が入っていたが、近年は退店するテナントが増え、２０１７年に入ってからは大半が空きフロアとなり、町議会で存続問題が取りざたされる事態にもなった。そして運営会社が別の会社に所有権を売却して撤退。「大洗シーサイドステーション」に名称を変え、観光客も地元住民も利用できる複合ショッピングモールに再生する予定だという。

「火中の栗を拾って」成功した場合でも、新たな火種が生じることは、テナントで入店する場合はゼロではない。個人開業をめざしている人にとっては、開業後に、思わぬトラブルが生じないよう、データだけでなく地域の住民に聞くなど、周辺の事情も調査しておきたい。

HOME ROASTED
SAZA COFFEE
SINCE 1969

なぜ、〝茨城愛〟なのに東京都内に店を出したのか？

創業以来、新たな出店は茨城県内にこだわってきたサザコーヒーが、荒川を越えて東京都内に進出したのは2005年——。JR品川駅構内・商業施設への出店だった。現在、都内には、この「エキュート品川店」（港区）と二子玉川駅・商業施設内の「二子玉川店」（世田谷区）がある。JR大宮駅構内にある「エキュート大宮店」（埼玉県さいたま市）と合わせた3店が茨城県外の店だ。

なぜ、創業37年目で東京都内に店を出したのだろうか。鈴木さんがこう振り返る。

「おかげさまで、地元でこそ知られた店になっていましたが、東京では無名の存在でした。きっかけは、駅ビルの運営会社からのお声がけでしたが、『茨城にこんなコーヒー屋があることを知ってもらいたい』思いから出店したのです。世界的にも注目度が高い、東京に店があることは〝広告塔〟の役割も兼ねており、今でも、当社の知名度アップに貢献してくれています」

カフェに限らず、さまざまな企業に知名度を高めたい目的を聞くと、「優秀な人材を採用したい」と言う会社が多い。都内に店があれば首都圏の学生の関心度も増すのだ。ある上場企業の経営者は、かつて上場に踏み切った理由を「社員が『どちらの会社にお勤めですか？』と聞かれた時、社名を答えてわかってもらえる会社にしたかった」と話していた。勤務先の会社に知名度があれば、社員が誇りを持てるという意味だ。

もう1つの理由は「情報収集」だ。東京進出時に陣頭指揮をとった太郎さんがこう話す。

「東京都内に店があることで、毎日、従業員にリアルな情報が入ってきます。動きの激しい周辺の競合店の情報もあれば、カフェのトレンドも把握できる。インターネットでも情報収集はできますが、目や舌で感じられるリアルな情報にはかないません。特に品川駅は東海道新幹線の停車駅で、京浜急行の駅もあり、年々人出が増えています」

ちなみに、JR東日本が発表した「2016年度の駅別・1日の乗車人員」によれば、「品川駅は37万1787人」で第5位だ。新宿駅、池袋駅、東京駅、横浜駅に次ぎ、初めて渋谷駅を上回った。数字は「乗車人員」なので、乗降客数を単純に2倍にすれば74万超の人（新幹線や京急を合わせて100万人）が利用する計算だ。なお、本店の最寄り駅・勝田駅は1万1381人となっている。

2017年7月20日には「エキュート品川店」がリニューアルオープンした。ぼくも当日、足を運び、居合わせたお客さん数人に話を聞いた。話を聞いた全員がサザコーヒーを知っており、以前から品川店の利用経験があった。その中の1人に、50代の女性会社員もいた。現在は神奈川県川崎市在住で、品川駅が通勤経路だというが、「常磐線の特急に乗って、時々本店にも足を運びます」と笑いながら語った。その理由は「飲食メニューが充実しており、景色も楽しめるから」だそうだ。

店を開業して軌道に乗ると、一気に店舗を拡大するケースは多いが、近年は大量出店→大量閉店の事例も目立つ。「オペレーション」と呼ぶ、商品提供やスタッフの接客レベルが追いつかないからだ。サザコーヒーは地道に実力を蓄えてからの出店が成功したといえよう。

特別付録　本気で店を開きたい、あなたへ

「開業前・開業後」のワンポイントレッスン

回答者＝鈴木 誉志男（サザコーヒー代表取締役会長、ひたちなか商工会議所会頭）

Q1

会社員の30代共働き夫婦です。２人ともコーヒー好きで「自家焙煎珈琲店」の開業をめざして、コーヒーセミナーにも通っています。自分たちなりにアイデアはありますが、「店の名前」や「魅力づくり」は、どんな視点で考えればよいのでしょうか。

これだけ飲食店が多い時代のカフェの開業は「差別化」が欠かせません。

それを念頭に「店の名前」も「魅力づくり」も考えましょう。店名のポイントは3つ。①なぜ、その名前を選んだか、②名前に物語があるか、③名前に自分の思想が反映されているかです。

ちなみにサザコーヒーは、開業当初は「且座《さざ》喫茶」でした。「且座喫茶」とは、「座って茶を楽しみましょう」という意味で、中国の僧で臨済宗の開祖・臨済義玄の言葉です。

日本の表千家には「且座《さざ》」、裏千家では「且座《しゃざ》」という儀式があり、主人、助手とお客3人の5人で茶会をします。お客は花を生けたり炭や香を炊き、主人は濃茶、助手は薄茶を入れてもてなす。

こうした「カフェの原点」ともいえる言葉を店名につけたのです。「変わった名前」と言われますが、「一度聞いたら忘れない」効果もあるようです。
一方、「魅力づくり」は、コーヒーでも、飲食でも、店の雰囲気でも、特徴を磨き上げながら、お客さんの心に訴えかけるストーリー性を考えます。優れた事例を真似することから始めてもよいですが、それを自分のものにしないとお客さんには見抜かれます。
当社の「サザのかすてら」は、尊敬する長崎の名店・福砂屋のカステラに学びながら、店独自の味わいに磨き上げました。現在は手土産としてもお買い上げいただいています。

Q2

大手カフェのFC（フランチャイズチェーン）も検討しましたが、イメージや条件が合わず断念。自分たちの目の届く範囲で「座席数15席程度」の店を開こうと計画しています。自己資金も700万円用意しました。開業に向けた資金面のポイントは何ですか。

開業資金は、物件を借りる場合は「敷金・礼金・家賃」がかかりますし、店内を改装する「内装費」「厨房設備」「テーブルやイスの什器」や「冷暖房設備」が必要です。

自宅開業でも改装費は必要でしょう。700万円をすべて費やすのではなく手持ち資金も残したい。そこで、自己資金以外にどの程度借り入れるか。借りた後の確実な返済計画も考えなければなりません。たとえば民間の金融機関からの借り入れは、銀行よりも融通がきく、信用金庫、信用組合を検討してください。日本政府は起業者を支援するため、各都道府県に融資・助成を指導しています。「個人が借りやすい」日本政策金融公庫のような政府系金融機関のほか、商工会議所などにも融資制度がありますので、それらを比較・検討します。

返済の必要のない「助成金」の活用も検討したい。現在は中小企業庁による「地域中小企業応援ファンド」などがあります。さまざまな助成金の「種類」や「受給条件」を調べてみましょう。

また、開業して順調に集客できればよいですが、一時的な開業人気が終わった後の不振時期も考えておきたい。しばらくは「資金繰り」という言葉を痛感されるかもしれません。家賃や光熱費など必要経費の支払いは待ってくれず「預金通帳の残高がどんどん減っていった」経験を持つ人も多いのです。〝安心料〟の手持ち資金は確保したいものです。

Q3

「コーヒーカップ」や「食器」は、どんな視点で選べばよいのでしょうか？　潤沢な資金がないので、海外のブランド食器以外で選びたいと思います。

まず、「店のセンスが試されるもの」と認識します。

その上で、地方なら陶磁器店など、東京なら「かっぱ橋道具街」のような専門店街で探してみましょう。現在はお客さんの意識が変わり、グループ客の食器も「1人ひとり違う絵柄」でも喜ばれます。昔は全員が同じ柄ではないと「なぜ違うのだ」と文句を言われたのです。

食器セットではなく端数の食器も選べるので、掘り出し物を探しやすくなりました。とはいえ、

「100円ショップ」の食器はやめましょう。プロがつくった飲み物や料理が泣きます。

コーヒーカップは、昔は厚手（肉厚）のカップが人気でしたが、現在は薄手が主流です。でもレトロ感を打ち出す店なら、あえて厚手を選ぶ選択肢もあるでしょう。

サザコーヒーではコーヒーカップに、取っ手のない笠間焼の器を使用しています。コーヒーは40年前から85℃の温度で淹れます。客席に運ばれたコーヒーは65～70℃になり、お客さんが両手でカップを持っても熱く感じないからです。これはサザギャラリーの企画展で「とってもいいカップ」を使用してからです。「とってもいい＝取っ手しまってもいい」を洒落て取っ手のない器で出したら好評だったため、それ以来、店で日常的に使うようにしました。

昔のようなセオリーも薄れ、洋食だから洋食器でなくてもよい時代です。店の雰囲気や料理を引き立てるような食器を、あなたのセンスで選んでください。

Q4

少人数で運営したいので、店のメニュー構成も絞りたいと思います。でも、お客さんの選ぶ楽しみも残しておきたい。どのように考えればよいでしょうか。

たとえばコーヒーなら、どこまでコーヒー通向けにするかなど、あなたの店がめざす方向性によって変わります。

一般の人向けであれば、まず、ブレンド、エスプレッソ、カフェラテ、カプチーノなど、コーヒー系のバリエーションを増やしましょう。人気のラテアートやデザインカプチーノといった、カップに描くアートも、バリスタとして訓練を積んだ人でないと、出来栄えが美しくなく、かえってチープに見えてしまいます。

もう1つ考えたいのが分量です。ホットメニューでもフードと一緒に頼んでもらうなら、200ccはほしい。よく150cc程度にする店もありますが、食べながら飲む分量としては物足りない。自分がお客ならどう感じるか…の消費者視点で考えたいものです。

また、料理が得意で思う存分腕を振るいたくても、フードメニューをあれこれ広げることは感心しません。空き時間や休日に「仕込み」に追われてしまうからです。

サザコーヒーは創業以来、コーヒーに合うパンメニューしか提供しておらず、本店ではスープとパンのセットです。２０１７年9月14日にリニューアルした「水戸京成店」では「キッシュ」を投入しました。地域事情でも変わりますが、お客さんがカフェにどこまでフードメニューを求めるか？開業前に意見を集め、また開業後にお客さんと対話しながら、「できる範囲」で軌道修正していけばよいでしょう。

Q5

サザコーヒーのように、長年続く店にする秘訣は何ですか？

店によって個性が違うので一概にはいえません。今になって振り返ると、サザコーヒーは茨城県という立地に恵まれていたと思います。

もともと茨城は、日立製作所があり、その関連会社も多く、筑波研究学園都市もあります。学校や研究機関も多い。「コーヒーはインテリが飲む」とも言われ、そうした方の支持を受けた一面がありました。私はコーヒーを「頭で飲む・物語で飲む」知的な飲みものだと思っています。

それから「徳川将軍珈琲」や「五浦コヒー」など意表をつくような商品開発もしてきましたが、あくまでも基本中の基本であるコーヒーの味で勝負してきました。良質な水を使って素材のうま味で勝負する「ジャパンコーヒー」が理想です。

時にはシェイクのような新商品も取り入れますが、あくまでも高度成長期以降に定着して、日本人がなじんだ味を基本としています。それ以外では、ちょっと冒険する程度の味の開発が大切だと思います。これは人間の味覚は「意外に保守的」だからです。

一方で、私は開業前、映画の興行プロデューサーをしていました。映画というのは話題を呼んで、お客さんに映画館に来ていただかないと商売になりませんから、サザコーヒーでも話題を呼ぶような仕掛けにはこだわりました。「とってもいいカップ」や「オークションで高値落札したコーヒー豆」はそうですね。

1980年代のような「明るい未来」を描けた時代とは違い、現在は「先が見えない」時代ですが、いつの時代もカフェに来られるお客さんは「楽しみたい」のです。そんなお客さんを楽しませ、自分たちも楽しめる店にすることも長続きする秘訣かなと思っています。

おわりに

カフェの「歩む道」と「外さない道」

カフェ・喫茶店という業態は、店をどう色づけするかの自由度が大きい。店を開きたい人にとっては、その自由さも魅力だろう。

ただし「長年続く店」という視点では、2つの道があるように思える。1つは、「どの道を歩むか」で、その道とは「飲食の味を追求する」という王道だ。

本文でも、カフェを「基本性能」＋「付加価値」という言葉で説明してきた。改めて整理すると、基本性能＝「飲食と場所の提供」で、付加価値＝「特徴や魅力づくり」だ。

日本におけるカフェの歴史は約130年になる。店の資料が残る国内最古の店「可否茶館」（かひさかん、またはかひちゃかん）が開業したのは1888年だからだ。それから現在まで、日本の多彩なカフェ文化を彩ったのは、「付加価値というキャラが立った店」だった。戦前からあった業態、昭和30年代、40年代に全盛期を迎えた業態は、たとえば次のとおりだ。

・「名曲喫茶」（飲みものを注文して、自分の聞きたい曲をかけてもらう）
・「歌声喫茶」（初期は唱歌やロシア民謡を、後期はフォークソングなどをお客が合唱する）

・「ジャズ喫茶」（ジャズ演奏を聴く）
・「シャンソン喫茶」（シャンソンを聴く）
・「ロカビリー喫茶」（ジャズ喫茶がロカビリーブームで業態変更。ロカビリーを聴く）
・「ゴーゴー喫茶」（ゴーゴーを踊ることができる）
・「美人喫茶」（美人のウェイトレスさんが接客してくれる）

現在では、次のような業態が人気だ。

・「ブックカフェ」（本を読みながら飲食ができる）
・「メイドカフェ」（メイド姿のウェイトレスさんが接客してくれる）
・「ドッグカフェ」（愛犬と一緒に行くことができる）
・「キャットカフェ」（店の猫をめでることができる）
・「フクロウカフェ」（店の梟《ふくろう》を観賞・めでることができる）

昭和40年代までと現在では社会背景が異なるが、「付加価値型」の店は楽しくても長年続く店は少ない。一方、コーヒーの味を磨いた純喫茶（王道を歩む）は長続きする。

10年以上前の調査データなので紹介してこなかったが、「喫茶店（カフェ）に対して求める条件」の圧倒的1位は、男女ともに6割を超えて「コーヒーがおいしい」となっていた（全日本コーヒー協会、2006年調査）。現在調査しても結果は大差ないはずだ。流行やトレンドは流行り廃《すた》りがあるが、喫茶店やカフェに、コーヒーのおいしさを求める普遍性は変わらないと思う。

もう1つは「外さない道」だ。これは時代が変わっても、社会には一定（暗黙）のルールがある。それを外さない店の方が強く、長続きするという意味だ。

現在は、さまざまなシーンで「カジュアル化」が進んでいる。たとえば職場での男性の服装も「クールビズ」の時季に限らず、昔に比べてスーツを着なくてもよいシーンが増えた。「ジャケパン」（ジャケット＋パンツ）という姿の年配者も珍しくない。それでも――ノーネクタイでも、基本は襟つきシャツを着るなど――一定のルールがあるのだ。

これを「カフェの接客」に当てはめると、ネクタイ（昔は蝶ネクタイも）はしなくてもよいが、店員が品位ある服装で接客する店のほうが、お客さんからの好感度は高い。カジュアルな店でも一定の品位ということだ。最近は長髪と無精ひげで接客する男性経営者も目立つが、飲食店における清潔感という意味ではどうなのか、何十年も続くのかという視点で考えたい。

飲食店で最も大切な3要素「QSC」（Quality＝品質、Service＝サービス、Cleanliness＝清潔・清掃の頭文字）を思い出せばよいだろう（ただし、リゾート地のカフェは、お客さんも開放的なので多少事情が異なる）。

今回、ケーススタディとして多方面から分析した「サザコーヒー」は、ちょっと異色の存在だ。マニアックなほどコーヒーにこだわり、コロンビアに直営農園まで持ち、バリスタ教育にも力を入れて、オークションで高額なコーヒー豆を買う――。ただし、いずれの活動も「おいしいコーヒーを追求する」という王道を歩いている。写真で紹介したように、接客スタッフにも一定の品位がある。この品位は、社長の鈴木美知子さんの方針だと聞く。

つくづく思うが、カフェという生活文化は奥が深い。自由度を持ちつつ、「どの道を歩むか」を意識して店づくりを考えたり、さまざまな店の探訪を楽しんでいただきたい。

２０１７年９月　高井尚之

「サザコーヒー」のブランドづくり

1942（昭和17）年	茨城県勝田町（現ひたちなか市）に東宝と日立製作所によって「勝田宝塚劇場」が設立
1947（昭和22）年	鈴木富治氏（誉志男氏の父）が、勝田宝塚劇場の代表取締役に就任
1969（昭和44）年	誉志男氏が同劇場内に「且座喫茶」を開業。7坪・15席で、コーヒー1杯120円
1971（昭和46）年	国鉄（現JR）勝田駅前に地下1階、地上4階の「サザビル」を建設。 2階にコーヒー専門店「且座」を開店。7坪・16席で、コーヒー1杯130円
1972（昭和47）年	国鉄（現JR）日立駅前にコーヒー専門店「サザ日立店」開店。10坪・26席で、コーヒー1杯160円
1973（昭和48）年	水戸市泉町にコーヒー専門店「サザ水戸店」開店。30坪・40席で、コーヒー1杯200円
1974（昭和49）年	誉志男氏「中南米コーヒー研修」（全国喫茶飲食生活衛生同業組合主催）に参加。 ブラジル、コロンビア、ペルー、アルゼンチン、メキシコを訪問。 以後、81年にインドネシア、82年にブラジル、コロンビアなどコーヒー生産地の視察を頻繁に行う
1979（昭和54）年	10坪の焙煎工場を建設し、ドイツ製コーヒー焙煎機「プロバット25kg釜」を導入
1985（昭和60）年	コーヒー専門店「サザ勝田商工会議所店」開店。20坪・35席で、コーヒー1杯260円。 勝田宝塚劇場を閉館
1989（平成元）年	勝田宝塚劇場跡地に「サザコーヒー本社・本店」を落成。 当時の喫茶部分は45坪・52～65席（座席数は季節変動）、物販30坪、ギャラリーSAZAも開廊。 本社横にコーヒー工場も設置し、「プロバット35kg釜」を導入
1992（平成4）年	ブラジル「飯田農園」、グアテマラ「サンセバスチャン農園」と契約
1993（平成5）年	コロンビア「マタレドンダ農園」と契約
1998（平成10）年	コロンビアに自社経営の「サザコーヒー農園」開設。メキシコ「アイルランド農園」と契約
2000（平成12）年	茨城県庁新庁舎と、長崎屋上水戸店にそれぞれ「サザコーヒー」を開店
2002（平成14）年	エルサルバドル「ロス・ナラホス農園」、コロンビア「グロリアスコーヒー」と契約
2005（平成17）年	東京都内の初店舗として「サザコーヒーエキュート品川店」を開店。 水戸京成百貨店内に「水戸京成店」を開店
2008（平成20）年	埼玉県内の初店舗として「サザコーヒーエキュート大宮店」開店
2011（平成23）年	コロンビアの直営農園を拡大。ティンビオ村に「Finca Los Tres Edgaritos 21ha」を開設
2011（平成23）年	「サザコーヒー東急二子玉川店」「サザコーヒー水戸駅店」「サザコーヒー大洗店」 「サザコーヒー勝田駅前店」を相次いで開店
2014（平成26）年	茨城大学図書館内に「サザコーヒー茨城大学ライブラリーカフェ」を開店
2014（平成26）年	「JBrC」（ジャパン ブリュワーズ カップ）で尾籠一誠バリスタ（当時）が優勝
2016（平成28）年	「JBC」（ジャパン バリスタ チャンピオンシップ）で本間啓介バリスタが準優勝
2017（平成29）年	「第9回全国ロールプレイングコンテスト」で、「サザコーヒーLalaガーデンつくば」の 武石綾介副店長が優勝 「JBC」で本間啓介バリスタが2年連続準優勝。飯高亘バリスタは5位、安優希バリスタは6位入賞。

・株式会社サザコーヒー　本社・本店　茨城県ひたちなか市共栄町8-18
・創業　1969（昭和44）年
・店舗数　13店（2017年9月現在）
・従業員数　約190名（2017年9月末現在）
・展開ブランド　「サザコーヒー」

著者

高井 尚之

たかい・なおゆき／経済ジャーナリスト・経営コンサルタント

1962年名古屋市生まれ。㈱日本実業出版社の編集者、花王㈱情報作成部・企画ライターを経て2004年から現職。出版社とメーカーでの組織人経験を生かし、大企業・中小企業の経営者や幹部、担当者を取材し続ける。「現象の裏にある本質を描く」をモットーに、「企業経営」「ビジネス現場とヒト」をテーマにした企画・執筆多数。2007年からカフェ取材も始め、テレビやラジオの放送メディアでも解説を行う。著書に『なぜ、コメダ珈琲店はいつも行列なのか？』（プレジデント社）、『カフェと日本人』（講談社現代新書）、『日本カフェ興亡記』（日本経済新聞出版社）、『「解」は己の中にあり』（講談社）、『セシルマクビー 感性の方程式』（日本実業出版社）、『なぜ「高くても売れる」のか』（文藝春秋）、『花王「百年・愚直」のものづくり』（日経ビジネス人文庫）などがある。

（連絡先） takai.n.k2@gmail.com

20年続く 人気カフェづくりの本

2017年11月 3 日　第1刷発行
2018年12月31日　第4刷発行

著者　高井尚之
発行者　長坂嘉昭
発行所　株式会社プレジデント社
〒102-8641　東京都千代田区平河町2-16-1
平河町森タワー13階
編集（03）3237-3732　販売（03）3237-3731
http://www.president.co.jp/
編集　桂木栄一
制作　関結香
装丁　草薙伸行 ●Planet Plan Design Works
表紙写真　岡倉禎志
口絵写真　岡倉禎志
販売　高橋徹　川井田美景　森田巌
遠藤真知子　末吉秀樹
印刷・製本　凸版印刷株式会社

 ISBN978-4-8334-2250-5
Printed in Japan
落丁・乱丁本はお取り替えいたします。